Como Fundar Y Establecer

IGLESIAS AUTONOMAS

LA META DE MISIONES BIBLICAS

Por

Bob (Roberto) C. Green, D. Min.

Publicado por:
© April, 2015 by Dr. Bob C. Green
Harrison, Tennessee 37341

Todos los derechos reservados. Ninguna porción de este libro podrá ser reproducida, almacenada en algún sistema de recuperación, o transmitida en cualquier forma o por cualquier medio – mecánicos, fotocopias, grabaciones u otro – excepto por citas breves en revistas impresas, sin la autorización previa por escrito de la editorial.

ISBN: 978-0-9962591-2-5

Reconozco y agradezco al Pastor Tony Rivera por su ayuda en revisar esta obra.

La foto en la encuadernación es de la congregación del Tabernáculo Bautista de San Miguel, El Salvador y se tomó por Francisco Amaya en febrero de 2015.

Editorial y formato asistida por:
The Old Paths Publications, Inc.
142 Gold Flume Way
Cleveland, GA, USA 30528
Email: TOP@theoldpathspublications.com
Website: www.theoldpathspublications.com

1.0

DEDICACION

Dedico este libro a todos los misioneros y obreros nacionales compañeros nuestros que han servido fielmente en la mies del Señor. Muchos pastores y plantadores de iglesias han servido en el ministerio a pesar de los tiempos sumamente difíciles.

Dr. Bob (Roberto) C. Green

IGLESIAS AUTONOMAS

UN DIRECTORIO

DEDICACION 3
UN DIRECTORIO 5
PREFACIO 9
   Unas palabras de sabiduría de un líder destacado: 10
   UNAS PALABRAS DE EXPLICACION 11
FRUTO QUE PERMANEZCA 13
   (Juan 15:16) 13
      Consideraciones Importantes: 14
UNA DEFINICIÓN: 16
   En Resumen: 16
   La Definición de Una Iglesia Autónoma: 17
      Se Gobierna: 17
      Se Sostiene: 18
      Se Propaga: 18
CAPITULO UNO: ¿PORQUE ESTABLECER IGLESIAS AUTÓNOMAS? 21
      Aquí Algunas Razones: 21
CAPITULO DOS: OBSTACULOS QUE IMPIDEN EL ESTABLECIMIENTO DE IGLESIAS AUTÓNOMAS 27
      CONSIDERACIONES IMPORTANTES: 37
CAPITULO TRES: ANTES DE COMENZAR 43
   El Plantador de Iglesias Nuevas 43
   La Importancia Absoluta del Espíritu Santo 47
CAPITULO CUATRO: ¿EN DONDE SE COMENZARA LA NUEVA IGLESIA? 55
   Las Ciudades y Áreas Metropolitanas 56
   Los Suburbanos 57
   Las Áreas Rurales 58
   Unas consideraciones 58
   Que gusto servir a Cristo en los lugares rurales 59
   Algunas razones equivocadas porque plantar una iglesia nueva 59
   Institutos Bíblicos 60
   Una ilustración: 63
   Campos Misioneros Cerrados 65
CAPITULO CINCO: UNOS MODELOS BÍBLICOS 69
   Estos misioneros: 70
   Unas Consideraciones: 72
CAPITULO SEIS: COMO PLANTAR UNA IGLESIA NUEVA AUTÓNOMA 75
   El Evangelismo Puede Tomar Varias Formas 77
      De Casa en Casa 77
   Ideas adicionales: 78
      Campañas de Evangelización 78
CAPITULO SIETE: DESPUÉS DEL EVANGELISMO SIGUE LA ENSEÑANZA, EL HACER DISCÍPULOS 93
   La definición de la palabra "responsabilidad" 95
   El Hacer Discípulo 98
   Materiales o lecciones para "hacer discípulos 101
      Hay que preparar unos miembros específicos para que hagan el discipulado 101

Hay que recordar siempre, que el hacer discípulos es: 102
Cuando el ministerio de "hacer discípulos" se ha desarrollado suficientemente, se puede nombrar a un hombre y una mujer para que estén encargados – para que sean los supervisores del ministerio del discipulado. 102
Al enseñar a alguien para hacer discípulos, hay que enseñarles lo que hay que enseñar, pero también "como enseñar." 103
Debemos dar cuentas para: 104
Una clase de discipulado puede seguir así: 106

CAPITULO OCHO: LA PREPARACIÓN PARA LA ORGANIZACIÓN FORMAL DE LA IGLESIA NUEVA 109
Los Documentos de La Iglesia. 109
La Organización de La Iglesia Nueva – El Culto Oficial. 110
Consideraciones Muy Importantes: **112**
Hay que involucrar a los hermanos del lugar, los nacionales. 112
Hay que establecer valores y un reglamento de conducta bíblico. 113
Para que los miembros sean responsables por la iglesia es necesario que la vean como de ellos. 114

CAPITULO NUEVE: LOS TRES ELEMENTOS BÁSICOS DE UNA IGLESIA AUTÓNOMA 115
Los líderes nacionales deben responsabilizarse por cada aspecto del ministerio de la iglesia. 118
Los líderes de la iglesia deben ser personas "llenas del Espíritu Santo." 118
La nueva iglesia necesita líderes que llenan los requisitos bíblicos. 119
Una explicación y definición de estos requisitos para pastores (ancianos, obispos, pastores) diáconos y las esposas de estos hombres, siervos de Dios y de la iglesia local. 120
Los diáconos. La palabra significa "siervo". 122
Los deberes de los diáconos: 123
Recomendaciones: 124
El misionero prepara líderes aprovechando los medios formales y no formales. 126
El misionero usa la preparación formal en la iglesia y el instituto bíblico para preparar a los nuevos líderes. 127
¿Cuáles son las áreas de responsabilidad en cuanto a "gobernar" la iglesia que les toca a los líderes? 127

CAPITULO DIEZ: ES UNA IGLESIA QUE SE SOSTIENE 131
CAPITULO ONCE: ES UNA IGLESIA QUE SE PROPAGA 135
Sin "sucesor" no hay éxito. 138
CAPITULO DOCE: LA CONCLUSION 139
Apéndice Número Uno: LA OFRENDA POR-MISIONES, PROMESA DE FE 143
¿Por qué Comprometerme Para Una Ofrenda "Por Fe"? 145
Apéndice Número Dos: SUGERENCIAS PARA APOYAR ECONÓMICAMENTE A LOS OBREROS NACIONALES 147
APÉNDICE NÚMERO TRES: EL PACTO DE LA IGLESIA – UN MODELO 151
APÉNDICE NÚMERO CUATRO: LA EXPERIENCIA DE UN GANADOR DE ALMAS ... 153
APÉNDICE NÚMERO CINCO: UNA CONSTITUCIÓN QUE SIRVA DE MODELO 167
ARTÍCULO 1 - NOMBRE Y PROPÓSITO: 167
SECCIÓN 1.01 - NOMBRE 167
SECCIÓN 1.02 - PROPÓSITO 167
ARTÍCULO 2 - DECLARACIÓN DE FE Y PACTO 167
SECCIÓN 2.01 - DECLARACIÓN DE DOCTRINAS 167
ARTÍCULO 3 - MEMBRECÍA 179
SECCIÓN 3.01 - CLASES DE MIEMBROS 179

SECCIÓN 3.02 - CALIFICACIONES DE MIEMBROS: 179
SECCIÓN 3.03 - RESPONSABILIDADES DEL MIEMBRO..179
SECCIÓN 3.04 - PRIVILEGIOS DE MIEMBROS...180
SECCIÓN 3.05 - TRANSFERENCIA DE LA MEMBRECÍA 180
SECCIÓN 3.06 - TERMINACIÓN DE LA MEMBRECÍA 181
SECCIÓN 3.07 - DISCIPLINA 181
ARTICULO 4 - OFICIALES: 182
SECCIÓN 4.01 - PASTORES...183
SECCIÓN 4.02 - DIÁCONOS 184
SECCIÓN 4.03 - SECRETARIO 185
SECCIÓN 4.04 - TESORERO 186
SECCIÓN 4.05 - OTROS OFICIALES: 187
SECCIÓN 4.06 - RESPONSABILIDADES DE TODOS LOS OFICIALES 187
ARTICULO 5 - CULTOS DE LA IGLESIA 187
SECCIÓN 5.01 - CULTOS ESPECIALES 187
ARTÍCULO 6 - SESIONES DE NEGOCIOS: 187
ARTÍCULO 7 - ORDENACIÓN..188
SECCIÓN 7.01 - LAS CUALIFICACIONES DE ORDENACIÓN 188
SECCIÓN 7.02 - EL PROCEDIMIENTO DE LAS ORDENACIONES 188
ARTÍCULO 8 - CONTRIBUCIONES DESIGNADAS 188
ARTÍCULO 9 - DISOLUCIÓN DE LA IGLESIA...189
ARTÍCULO 10 - REFORMAS A ESTA CONSTITUCIÓN 189
ADOPCIÓN..189
Apéndice Número Seis: Los Distintivos Bautistas. 191
Apéndice Número Siete: Un Bosquejo 193
IGLESIAS AUTÓNOMAS...193
APÉNDICE NÚMERO OCHO: PACTOS Y PAUTAS VARIOS 195
Pacto del Obrero de La Iglesia..195
Una Pauta del Reglamento Para Los Obreros del Ministerio de Cuna 196
UN MODELO...198
Una Pauta Para Los Líderes o Supervisores de La CUNA 198
Un Modelo del Pacto Para Los Maestros Y Obreros de La Escuela Dominical 199
UN MODELO...201
Un cuestionario para los obreros de la Iglesia. 201
APÉNDICE NÚMERO NUEVE: LA ESCUELA DOMINICAL 203
Los Maestros de La Escuela Dominical..203
APÉNDICE NÚMERO DIEZ: UNA PAUTA PARA LA SELECCIÓN DE UN PASTOR................207
APÉNDICE NÚMERO ONCE: EL BAUTISMO BÍBLICO DE CREYENTES...........................209
El Mandamiento..209
Quienes 209
Cuando 209
Como 210
APÉNDICE NÚMERO DOCE: LA CENA DEL SEÑOR 213
El Mandamiento..213
Lo que el Apóstol Pablo enseñó en cuanto a la Cena del Señor, él recibió del Señor. ..213
La Cena del Señor Instituida (Mateo 26-30) 213
Los Elementos de La Cena 213
Se Anuncia La Muerte del Señor 214

Los Participantes 214
　　Como Celebrar La Cena del Señor... 215
APÉNDICE NÚMERO TRECE: PAUTA DE ORGANIZACIÓN PARA EL LIBRO DE ACTAS .217
　　　　IGLESIA BAUTISTA GETSEMANI 217
APÉNDICE NÚMERO CATORCE: UN TESTIMONIO PERSONAL 219
　El Principio 224
ÍNDICE..226
SOBRE EL AUTOR 229

PREFACIO

Escribir un libro no es una tarea fácil. Sé que todo lo que sabe un individuo (y no soy la excepción) es la composición de lo que uno ha aprendido de otros. Les aseguro que he agonizado mucho en la oración al Señor, buscando Su dirección y bendición. No presumo saber todo lo que se puede saber en cuanto a comenzar y establecer iglesias autónomas, pero el Señor Jesucristo me ha permitido durante más de cuarenta y siete años observar y participar en el establecimiento de nuevas iglesias en los EE.UU. y también en Latino América.

Reconozco la gran deuda que tengo con el Señor Jesús por la salvación de mi alma, el llamamiento de El al ministerio y Su todo-suficiente gracia en mi vida. También agradezco al Señor por la persona de mayor importancia (después de Él) en mi vida, mi mejor amiga y esposa de más de cuarenta y nueve años, Patricia. Ella es en todo sentido, "un regalo de Dios" (Proverbios 19:14).

La lista de nombres de personas que quiero reconocer y agradecer por su influencia y enseñanza en mi vida y ministerio comienza con los de mis padres Bob y Edris Green, los que sirvieron como nuestros pastores, D.D. Peterson (Pastor de Fairlawn Baptist Church, Fort Pierce, Florida), el Dr. Sonny Holland (Fairlawn Baptist Church y Evangelista, Zachaery, Louisiana), el Dr. Lee Roberson (Pastor de Highland Park Baptist Church y Fundador de Tennessee Temple College, Chattanooga, Tennessee) y el Dr J.R. Faulkner (Co-Pastor de Highland Park Baptist Church, Chattanooga, Tennessee). El misionero que me enseño más que todos los demás en cuanto a cómo establecer una iglesia autónoma, es el Misionero Bruce Bell (Mission, Texas). Mucho de lo que he aprendido en cuanto a comenzar y establecer iglesias autónomas, lo aprendí durante los tres años que servía como asistente del Hermano Bell en el Instituto Bíblico "IBERO" y como co-pastor fundador (1970-1973) junto a él en La Iglesia Bautista Miramonte en San Salvador, El Salvador.

Hay muchas personas que son muy preciosas para nosotros (miembros de nuestras familias, amigos, pastores, compañeros de trabajo, etc.) a quienes agradecemos, pero no hay personas más especiales para nosotros que las personas hispanas que hemos conocido y con las cuales hemos servido en los últimos 47 años. Los pastores hispanos y sus familias son muy amados y apreciados. **Todo exito en el ministerio de plantar y establecer iglesias depende de los que el Señor usa para la continuación y permanencia del ministerio después de se haya ido el misionero.** Doy gracias a Dios por las personas colaboradores que hemos enseñado (II Timoteo 2:2) y a la vez de quienes hemos aprendido tanto.

Me siento muy privilegiado de haber recibido, como un joven de 16 años de edad, el llamamiento al ministerio de la predicación de La Palabra de Dios, pero mayormente por haber sido llamado a predicar y a servir como "misionero". Misiones es el palpitar del corazón de Dios y es el tema central de La Biblia. Desde el momento en que los hombres cayeron en el pecado Dios ha obrado para redimir y reconciliarse con toda la humanidad condenada. "Misiones" debe ser la prioridad de todas las iglesias locales. **La prioridad de misiones debe ser plantar iglesias nuevas en todo el mundo.**

Vale mencionar que se reconoce que hay muchos obreros nacionales además de los misioneros extranjeros que se dedican a la obra de plantar iglesias nuevas. Las palabras de este libro se escriben respetando a ambos grupos. Hasta que haya iglesias locales establecidas que tienen la madurez espiritual, la formalidad, los medios para participar en la propagación del evangelio y el establecimiento de nuevas congregaciones y la visión necesaria para responsabilizarse en cuanto a plantar iglesias nuevas en todos los campos del mundo, habrá necesidad de misioneros nacionales y extranjeros. Más y más las iglesias establecidas, como resultado del ministerio de un misionero extranjero (quizás de EE.UU o de otros países), se han convertido en iglesias con grandes ministerios misioneros. Es sumamente importante que los hombres de Dios, nacionales y extranjeros, sean enviados por iglesias locales de sana doctrina. **La gran comisión de nuestro Señor y Salvador Jesucristo se dio a los discípulos y a todos los miembros de las iglesias locales del Señor.**

Hay que plantar iglesias en donde no haya y en donde el Señor abra puertas. Debemos comenzar donde estamos e ir "hasta lo último". **La idea es "plantar iglesias que plantan iglesias que también planten iglesias."**

"El exito de un misionero no se mide por lo que se logra estando él presente en el campo misionero, sino por el fruto que permanece cuando él se ha ido."

Dr. Roberto Green
2015

Unas palabras de sabiduría de un líder destacado:

"Cuando entrego el mando de mi organización actual mañana, estoy consciente de que la definición de estrategia del Dr. Everett Dolman tiene una aplicación importante para el liderazgo cristiano no egoísta. El ambiente organizacional al final de mi participación como líder es simplemente la condición inicial de la participación del líder que me suplanta. Como un líder, sería un fracaso si un enfoque exagerado en los logros de éxito inmediato, personales, hubieran impedido el éxito futuro de la organización, más allá de mi participación. Un verdadero líder exitoso habrá establecido condiciones dentro de la organización que fomentan unas ventajas duraderas, después de la salida de él. Esas ventajas solo serán posibles si la preparación, la enseñanza, la corrección, la exhortación y el animar a la gente de la organización es el enfoque predominante del líder. Este estilo de liderazgo tendrá como resultado el éxito inmediato de la organización, pero de mayor importancia, tendrá como resultado que la organización tenga el éxito duradero siguiendo su curso.

Debemos vivir nuestras vidas de tal manera que proveamos para el Evangelio una ventaja duradera en esta tierra."

Col. John Teichert, United States Air Force
2015

UNAS PALABRAS DE EXPLICACION

Aunque enfatizamos el establecimiento de iglesias bautistas independientes autónomas, no queremos dar a entender que no hay lugar para ministerios de habla hispana en iglesias que hablan otro idioma. Ciertamente hay lugar para que haya ministerios hispanos que forman parte de iglesias Americanas también.

Dr. Roberto Green
2015

FRUTO QUE PERMANEZCA
(Juan 15:16)

En el Evangelio de Juan capítulo quince se nos presenta la enseñanza del Señor Jesucristo en cuanto a "llevar fruto". El Señor habló de llevar "**fruto, más fruto** y **mucho fruto**" (Juan 15:2, 8). El Señor dijo que Su Padre es glorificado cuando el creyente, "el pámpano," lleva "**mucho fruto**". Cristo es la vid. El creyente solo puede llevar fruto cuando "permanece en el Señor" y Su palabra permanece en él. Es obvio que el "permanecer" que es necesario para llevar fruto se refiere a la comunión y el compañerismo estrecho con el Señor Jesucristo. A pesar de que es una verdad obvia, hay muchos cristianos que no se preocupan por mantener la relación íntima y necesaria con el Señor para glorificar al Padre. Esta falla destina al siervo de Dios vivir y ministrar en la debilidad de la carne.

El Señor, además de desear para todos Sus siervos "el **gozo cumplido**" (Juan 15:11) que es el resultado de la relación íntima con Él, desea también que lleven la clase de fruto abundante que glorifica al Padre. El Señor desea que los pámpanos lleven **mucho fruto** y también desea **fruto que "permanezca"** (Juan 15:16). Si el misionero ha de llevar fruto que permanece, él necesita permanecer diariamente en el Señor.

Nota: Desafortunadamente hay personas que insisten ignorar las reglas de la interpretación bíblica (la hermenéutica). Una de las reglas primarias es la de tomar en cuenta el contexto del pasaje y de los versículos. El contexto de Juan quince no es él de la salvación. El contexto del pasaje es él de llevar fruto como discípulo del Señor. No se discute "seguir en Cristo para conservar la salvación", sino mantener comunión íntima con Él para poder ser fructífero o para llevar fruto que glorifica a Dios Padre.

El misionero debe esforzarse por andar diariamente en comunión íntima con el Señor y Su Palabra. Es menesteroso que el ministerio de aquel que busca plantar iglesia nueva sea bíblico (Juan 15:7) en su propósito, en principio y en su práctica.

La mejor garantía de que nuestros esfuerzos producirán fruto que permanezca es que se plantean o se _establezcan iglesias autónomas._

Un graduado de un seminario bíblico escribió:

Si uno desea plantar algo que dure para una estación, debe sembrar semilla de flores;

Si uno desea plantar algo que dure para todo una vida, debe plantar un árbol;

Si uno desea plantar algo que dure toda la eternidad, debe plantar una iglesia.

Consideraciones Importantes:

Es importante decir que bíblicamente los dos objetivos principales de misiones son el **evangelismo** y el **establecimiento de iglesias autónomas.** Deseo que este libro sirva de guía práctica para pastores y misioneros de toda índole que piensan dedicarse en alguna forma a la obra de plantar iglesias o al entrenamiento de los que plantarán iglesias. Escribo como cristiano bautista independiente. La información que se presenta por medio de las palabras y los principios de este libro necesariamente se basa en la enseñanza bíblica y por lo tanto bautista. No me avergüenza decir que es mi convicción que la doctrina y la práctica histórica de los bautistas independientes sí son las de Los Apóstoles del Señor Jesucristo. Más adelante en el libro se tocará el estudio de los "distintivos" de la fe cristiana bíblica de los bautistas.

Fundemos iglesias bíblicas. Fundemos iglesias bautistas, pero fundemos iglesias **"autónomas".** Hay razones porque no se establecen (plantan) iglesias autónomas. Frecuentemente el misionero sigue un curso de acción que produce resultados inmediatos pero que a lo largo no resultan en una congregación bíblica y autónoma. Se presenta ahora algunas de las tentaciones o peligros que enfrenta él que se dedica a comenzar y fundar una iglesia local nueva.

El que busca plantar o establecer una iglesia nueva se verá en **una batalla espiritual** constante. Es una misión muy exigente. Hay enemigos. Habrá oposición. El misionero y los de su familia experimentarán soledad, cansancio, y desanimo. Se sentirán defraudados por amigos, obreros compañeros y aun por sí mismos. El misionero y los siervos de Dios sinceros, sin duda, son personas que aman a Dios, y también aman a las personas que ellos buscan ganar para Cristo, y a los que son beneficiarios de sus labores y su ministerio. Es necesario prepararse para enfrentarse a la realidad de estos acontecimientos con fe y perseverancia.

Hay misioneros y pastores que han sucumbido a esas dificultades. Hay los que han dejado el ministerio de plantar y establecer iglesias. Hay otros que han dejado el ministerio totalmente.

El ministerio de comenzar y establecer iglesias no debe caracterizarse solo por las cosas negativas. Hay que recordarse que "hay un gozo indecible" asociado con el tener conversiones, el poder hacer discípulos y ver a un discípulo avanzar hacia la madurez espiritual. **¡Qué alegría ver a un individuo o a varios individuos formar parte de una congregación nueva!** Manténgase animado por las posibilidades. Anhele la bendición de poder decir con el Apóstol Pablo,

"Así que, hermanos míos amados y deseados, gozo y corona mía, estad firmes en el Señor, amados." (Filipenses 4:1).

Si el Señor le ha llamado y si Él le ha dado una pasión por las almas y el deseo de levantar una iglesia, no abandone la tarea antes de lograr la meta, cueste lo que cueste. **Anímese en el Señor.**

*"Y David se angustio mucho, porque todo el pueblo… **mas David se fortaleció en Jehová su Dios.**"* I Samuel 30:6.

El misionero debe **reconocer la importancia de los líderes nacionales.** Los nuevos creyentes, los discípulos y **los miembros destacados que manifiestan cualidades de liderazgo deben considerarse compañeros y coherederos en las cosas del Señor.** Una de las claves principales de dejar una iglesia nueva establecida y autónoma es la de preparar lideres. Si una iglesia autónoma ha de establecerse, será necesario ganar y entrenar líderes que demuestran **carácter cristiano excepcional, personas que tienen convicciones bíblicas firmes y que dan evidencia de habilidades de liderazgo dado por Dios.** El desarrollo de esa clase de líder requiere que el misionero invierte su tiempo y su vida en ellos. Será necesario la comunicación de la verdad bíblica pero también el corazón, y la pasión del misionero. Algo que da suprema satisfacción al misionero es ver a algunos de sus discípulos estar a la par y aun sobrepasarle en el ministerio. En ese caso el misionero comparte o participa en el éxito de sus discípulos. **Los discípulos exitosos sucesores del misionero contribuyen a que él sea exitoso.**

<u>**En vez de trabajar buscando ser exitoso "personalmente," el plantador de iglesias debe trabajar buscando que todos los demás sean exitosos. De**</u>

esta manera él podrá participar del éxito de ellos. Así, él será exitoso para la gloria del Señor.

La obra de Dios que se efectúa usando los medios de Dios, tendrá la bendición de Dios. Donde obra el Señor, una iglesia **autónoma**, neo-testamentaria, bautista puede establecerse.

UNA DEFINICIÓN:

Cuando las iglesias locales establecidas envían misioneros a cualquier lugar y especialmente cuando sea necesario cruzar las fronteras culturales, lingüísticas, étnicas, y nacionales con el evangelio, el objetivo prioritario debe ser el de plantar y establecer nuevas iglesias viables que pueden cultivar un aspecto natural y formar un patrón culturalmente relevante de crecimiento neo-testamentario.

En Resumen:

- Los dos objetivos principales de misiones son, el evangelismo y el "plantar iglesias" por hacer discípulos (Mateo 28:19-20).

- Trabajamos para fundar iglesias bíblicas y por lo tanto bautistas.

- El propósito es establecer iglesias "autónomas" que pueden gobernarse, y sostenerse y tarde o temprano reproducirse.

- Estar en el ministerio y buscar establecer (plantar) iglesias nuevas es estar en una batalla espiritual.

- El éxito del "plantador de iglesias depende en gran parte del "liderazgo nacional" que el Señor levanta.

- Hay que "obrar bíblicamente" y usar los medios divinos para lograr los objetivos deseados y tener la bendición de Dios.

- No hay que abandonar el ministerio o la tarea de ganar almas y establecer iglesias autónomas nuevas porque haya oposición, desanimo, etc. Hay que animarse en el Señor Jesucristo y obrar con esperanza.

- Uno resulta exitoso cuando todos los demás alrededor de uno, son exitosos en su caminar con el Señor.

La Definición de Una Iglesia Autónoma:

La palabra **"indígena"** (para nuestros propósitos y estudio usamos la palabra **autónoma,** para no limitarnos a la idea de establecer una iglesia entre personas indígenas solamente) es un término biológico. Se usa para describir una planta que prospera en cierto ambiente o lugar. La habilidad de una planta de prosperar en cierto lugar tiene que ver directamente con el tipo de tierra y el clima donde se ha sembrado, o donde está arraigada. La relación metafórica entre lo biológico y el uso misiono-lógico se ve fácilmente. *La meta de misiones debe ser plantar iglesias neo-testamentarias viables que no solo subsisten en cierto lugar sino que pueden prosperar y reproducirse en los varios ambientes culturales y étnicos del mundo.* Iglesias neo-testamentarias se caracterizan por una **autonomía** práctica y funcional.

Generalmente la definición de una **iglesia autónoma** es de una iglesia que **se gobierna**, **se sostiene** y que **se propaga** (reproduce).

Se Gobierna:

Así como los apóstoles entrenaron y ordenaron líderes locales ("Y constituyeron ancianos en cada iglesia" Hechos 14:23), los misioneros plantadores de iglesias deben enseñar y entrenar a los nuevos creyentes en la iglesia nueva que se establece para que **se gobiernen de acuerdo con la enseñanza bíblica y la dirección del Espíritu Santo.** Una congregación que no puede tomar decisiones sabias conforme a Las Escrituras, o que depende de las influencias de entidades externas o extranjeras no es iglesia autónoma. Los creyentes, miembros de iglesias locales, en el mundo entero, basándose en la verdad bíblica, pueden **gobernarse. Una iglesia autónoma** puede establecerse en cualquier lugar del mundo. Sí no fuera así El Señor no nos hubiera mandado al mundo entero (Lucas 16:15-16).

Se dará adicional información más adelante en cuanto a la importancia de que los líderes y los miembros de la nueva iglesia sean capaces de tomar decisiones necesarias para mantener el ministerio bíblico y fundamental de la iglesia y a la vez cuidar la posición doctrinal de la iglesia de ataques desde adentro y de afuera.

Se Sostiene:

Una iglesia verdaderamente neo-testamentaria se sostiene. Esto significa que el sostenimiento de la iglesia y del ministerio de dicha iglesia se provee por medio de los diezmos y las ofrendas de los miembros de la iglesia. **No hay evidencia de que los apóstoles o misioneros hayan pedido fondos de las iglesias de Jerusalén o Antioquia o ningún otro lugar para sostener a los pastores u obreros de las iglesias que ellos, los apóstoles, comenzaron.** Al contrario las iglesias de Macedonia, especialmente la iglesia de Filipos, [Filipenses 4:14-15] mandaron para el sostén económico de Pablo y los otros misioneros. Sí, Pablo buscaba ayuda económica de las iglesias que él comenzó para ayudar a los santos necesitados de Jerusalén. Las palabras de Filipenses 4:19 fueron escritas en el contexto de "un misionero, plantador de iglesias, animando a los miembros de una iglesia que él había comenzado, a que continuaran dando para la obra misionera". Los que desean reclamar la promesa de Filipenses 4:19 hacen bien en recordarse que Pablo tenía confianza absoluta que el Señor proveería lo que pudiera hacerse falta a los que daban a misiones.

El misionero y los pastores deben enseñar a los creyentes **que "es el Señor que provee"** y que no hemos de esperar que a largo plazo nuestras necesidades sean provistas por iglesias en otros lugares, agencias misioneras u otras instituciones. Hay lugar para que la iglesia "madre", la que patrocina la nueva iglesia, y también otras iglesias por medio de sostén económico **provisional** contribuyan para los gastos relacionados con comenzar y establecer la nueva obra. Las palabras claves son: *provisional* y la contabilidad *responsable*.

Una iglesia neo-testamentaria es una iglesia que, dependiendo del Señor, se sostiene.

Se Propaga:

"La iglesia neo-testamentaria era capaz de **reproducirse** o **propagarse**. Poseía vida y salud espiritual para poder extenderse en la región cercana y hasta las regiones más lejanas (II Tesalonicenses 1:8). Producía sus propios obreros y el ministerio se extendía por los esfuerzos de los mismos miembros. Las iglesias nuevas de hoy día deben motivarse a ganar almas en su comunidad y hasta lo último de la tierra (Hechos 2:8) por medio de participar en misiones. Una iglesia saludable con miembros maduros y espirituales se reproduce por medio de la ganancia de almas y el hacer discípulos.

Así como los seres humanos se reproducen por medio de tener hijos, **las iglesias deben reproducirse por medio de comenzar nuevas iglesias hijas.** Hay iglesias que mueren porque dejen de "dar a luz" a nuevos creyentes y nuevas congregaciones. De las iglesias neo-testamentarias nacen otras iglesias neo-testamentarias.

Nota: Hay que distinguir entre establecer una iglesia neo-testamentaria y establecer una iglesia de índole estadunidense. El misionero no debe pensar que todas las iglesias del mundo deben seguir el patrón de las iglesias en Norteamérica. La prosperidad de los creyentes en Los EE.UU. permite que las iglesias gocen de muchos beneficios que no son prácticos en otros países. A veces, al ver el lujo y otros excesos de las iglesias en Los EE.UU., es difícil reconocer la iglesia del Señor. Toda iglesia debe medirse usando el modelo de las iglesias en el Nuevo Testamento como regla. En esto también, **La Biblia es nuestra única base de fe y practica.**

Puede existir una iglesia del Señor sin que haya templo, sillas, aire acondicionado, abanicos, teclado, piano, equipo de sonido, bautisterio, parqueo, etc., y aun sin un pastor a tiempo completo. Lo que hace falta para que haya una iglesia neo-testamentaria es **la predicación y la enseñanza de la Palabra de Dios** (Hechos 14:21) para la conversión de los perdidos y **la edificación** de los salvos, **la adoración del Señor** (la oración, ofrendas, himnos, y canticos de alabanza que honran al Señor), **el compañerismo** para exhortarse y animarse los unos a los otros (Hebreos 10:25) y la oportunidad de **servir al Señor** (Efesios 4:11-16).

En los países donde son perseguidos los creyentes, se ven obligados servir al Señor escondiéndose. Debemos reconocer que en algunos lugares un ministerio "publico" no es práctico. Los himnos y aun la enseñanza y la predicación **se celebran en voz baja** para que el grupito de creyentes no se descubra por las autoridades o por los que los causaría problemas y persecución.

En otros casos los creyentes indígenas que habitan las aldeas en la selva no necesitan un gran templo. No les hace falta más que una chocita que provea sombra, o un punto de reunión, etc. El Señor Jesucristo dijo que "donde dos o tres están reunidos en Su nombre, El estará."

La meta bíblica del misionero plantador de iglesias debe ser plantar iglesias que pueden prosperar en "la tierra donde se siembren". A las iglesias autónomas no les hace falta la influencia (gobierno) **ni la infusión**

de fondos extranjeros. Iglesias autónomas pueden mantenerse estables y firmes en el Señor. Si el misionero ha hecho un trabajo bíblico, él puede "encomendar la iglesia nueva al Señor, en quien han creído" y seguir sembrando iglesias adicionales en otros lugares donde la gente no tiene el evangelio ni una iglesia local.

"La misión de la iglesia es misiones, y la misión de misiones es plantar iglesias."

Dr. Ray Thompson

Director y Misionero con BIMI, 2015

CAPITULO UNO

¿PORQUE ESTABLECER IGLESIAS AUTÓNOMAS?

Aquí Algunas Razones:

- **Establecer Iglesias Autónomas Es Bíblico.**

Las iglesias locales establecidas en el primer siglo existían como **entidades autónomas** con líderes ordenados. Usaron los tres títulos (**ancianos, obispos, pastores**) para definir diferentes responsabilidades de los mismos hombres, siervos de Dios que se dedicaban al **ministerio de la Palabra y la oración**. También fueron elegidos los **diáconos** para que sirvieran a la congregación en las cosas materiales. Las iglesias celebraban las dos ordenanzas, **el bautismo de los creyentes por (inmersión) sumersión en agua, y la cena del Señor**. No hubo jerarquía que gobernara o que tuviera poder sobre varias iglesias. No se quedaron esperando que otros extendieran o sostuvieran el ministerio de ellos. Por lo tanto el hombre que administraba (obispo) el ministerio de la iglesia, era un hombre maduro en la cosas del Señor (anciano) y servía para apacentar (pastor) y cuidar de las ovejas (los miembros) de la iglesia local (Hechos 6:1-7; 14:21-28).

- **Es La Voluntad de Cristo.**

Según Mateo 16:18, *Cristo prometió edificar Su iglesia".* La iglesia es Su posesión peculiar. Cristo *"se dio a sí mismo por nosotros para redimirnos de toda iniquidad y purificar para sí un pueblo propio, celoso de buenas obras"* (Tito 2:14). Cristo, por medio de Su resurrección garantiza que las puertas del Hades no prevalecerán contra Su iglesia" (Mateo 16:18). Nuestro Dios y Padre celestial permite a Satanás ser el dios de este mundo y el mundo es su reino. Al ir ganando almas, haciendo discípulos y estableciendo iglesias estamos invadiendo su territorio. Las puertas del Hades no pueden impedirnos, siempre y cuando sigamos la dirección de nuestro Señor Jesucristo. Cristo prometió edificar la iglesia, no las otras instituciones y organizaciones. Siempre es mejor participar en lo que Cristo promete bendecir.

- **Porque Cristo No Ha Cambiado Su Comisión.**

   No hay evidencia de que Cristo haya cambiado Su propósito. Durante Su ministerio aquí en la tierra Cristo comenzó y estableció Su iglesia. EL sigue estableciendo Su iglesia por medio del Espíritu Santo y el trabajo de los que plantan iglesias locales en el mundo entero (Hechos 1:8, Mateo 28:19-20).

- **Porque Los Inconversos Siguen Condenados.** Lucas 19:10, Romanos 3:23

   El hombre sigue siendo por naturaleza y hecho voluntario un pecador condenado. La comisión de alcanzar a los inconversos con el evangelio se dio a las iglesias locales y a sus miembros. Las iglesias locales sirven de faro para los perdidos. Juan 3:16-18

- **Porque El Evangelio Siempre Es Poderoso Para Convertir Al Pecador.** II Corintios 5:17, Romanos 1:16

   El Evangelio siempre puede salvar y convertir al pecador arrepentido que confía en Cristo. Las buenas nuevas del evangelio se predican para la conversión de las almas perdidas y la predicación de "todo el consejo de Dios" junto con la obra transformadora del Espíritu Santo obran en el creyente la nueva vida que se vive en el contexto de una iglesia local.

- **Porque El Espíritu Santo y La Palabra de Dios Se Honran y Son Poderosos y Eficaces Para El Establecimiento de Iglesias Autónomas.**

   El Espíritu Santo es todopoderoso en la aplicación de La Palabra de Dios. Él puede obrar Su voluntad y transformar la vida del creyente en cualquiera parte del mundo. Él puede convertir a las gentes de cualquiera nación, grupo étnico, cultura o lengua en discípulos de Cristo. El Señor puede formar una iglesia local autónoma por doquier.

- **Porque Cuando Se Establece Una Iglesia Autónoma, Se Demuestra Aprecio Por La Gente Nacional.**

   Desafortunadamente hay creyentes en algunas partes del mundo que se creen superiores a los creyentes de otros países. Hay misioneros y pastores que por su preparación académica **se creen más capaces** de hacer la obra del Señor. A ellos se les olvida que con Dios no hay excepción de personas. El resultado de esta forma de egoísmo y arrogancia es que se establecen iglesias que son dependientes de influencias y fondos extranjeros (I Pedro 1:17).

La verdad es que hay personas cristianas sinceras en varios lugares del mundo que quizás carecen de una educación universitaria o de un titulo pero que sí tienen algo mejor, el poder de Dios sobre sus vidas y sus ministerios. **Hay que respetar y reconocer el valor de las gentes en el campo donde pensamos plantar una iglesia.** ¿Cuánto valen? Tienen valor porque son creados a la imagen de Dios, porque Cristo murió por ellos, porque pueden convertirse en personas que reflejan la imagen de Cristo, porque pueden desarrollarse en grandes siervos de Dios, y hasta pueden muchas veces, alcanzar su propia gente mejor que el extranjero. Todos somos lo que somos por Su gracia. Nada somos sin El (I Corintios 15:10).

- **Porque Hay Implicaciones Sociales y Políticas Que Exigen Que Haya Autonomía.**

Además de ser bíblico, el establecer iglesias autónomas es preciso. Hay situaciones **culturales, religiosas y políticas** en el mundo o el campo misionero que exigen que las iglesias sean autónomas. En los países donde hay "religión estatal," por ejemplo, los gobiernos no ven con favor al extranjero o "religiones diferentes".

Tenemos como ejemplo lo que sucedió en un país de Latino América. Los misioneros extranjeros sirviendo en cierta zona del país fueron expulsados por el gobierno. Gracias a Dios los misioneros habían enseñado y preparado líderes en muchas de las iglesias. Estas personas nacionales asumieron puestos de liderazgo, la posición antes ocupado por el misionero extranjero. Donde se establece una iglesia autónoma habrá mejor posibilidad de la continuación de la iglesia. Si no se establece iglesia autónoma tarde o temprano no habrá iglesia neo-testamentaria.

En algunos países no se permiten los misioneros extranjeros. En esos casos es necesario tener personas nacionales que pueden predicar y enseñar la Palabra de Dios.

- **Porque Establecer Iglesias Autónomas Aumenta El Numero de Iglesias Participando En El Evangelismo del Mundo.**

Toda iglesia, aun las recién organizadas, tiene la responsabilidad de participar en el evangelismo del mundo y el ministerio de plantar nuevas iglesias. Se reporta que hay misioneros llamados, ordenados y enviados de iglesias establecidas en países sub-desarrollados. Las iglesias autónomas pueden unirse voluntariamente al número de las iglesias que "dan" porque se sostienen y no tienen necesidad de que otros las apoyen económicamente. Lucas nos recuerda de las palabras del Señor Jesús y las apunta en Los Hechos 20:35, *"... Mas bienaventurado es dar que recibir."* Seguramente hacen falta más iglesias dadoras y las que envían misioneros y plantan nuevas iglesias locales.

- **Porque Las Iglesias Autónomas Cuentan Con y Esperan En Los Recursos Divinos.** (Filipenses 4:19)

Aun las organizaciones más adineradas tienen **recursos limitados.** A veces las gentes de países sub-desarrollados creen que todas las personas y todas las iglesias en los EE.UU. son ricas. Es un error pensar así. Solo **Dios tiene recursos no limitados.** Los miembros de las iglesias autónomas han aprendido a dar por fe y han aprendido esperar en el Señor de la mies por la provisión de sus necesidades. Estos creyentes tienen una cuenta en el cielo (Filipenses 4:17) y por fe están acumulando tesoros allá.

- **Una Iglesia Autónoma Es Un Instrumento Semipermanente y Duradera Para El Evangelismo y El Ministerio En El Mundo.**

La presencia de una iglesia autónoma puede asegurar la presencia del evangelio hasta la venida del Señor. Uso la expresión "semipermanente porque entiendo que aun una iglesia autónoma puede fallar y también dejar de existir cuando el Señor arrebata Su Iglesia. La iglesia autónoma, neo-testamentaria disminuye la necesidad de obreros extranjeros.

CAPITULO UNO: ¿PORQUE ESTABLECER IGLESIAS AUTÓNOMAS?

Hay veces cuando los evangelistas pasan unos días predicando en un pueblo. Como resultado puede haber "profesiones de fe" y conversiones genuinos. Algunos de estos "evangelistas viajeros" no se preocupan por "hacer discípulos" (se dice 'seguimiento' también) o plantar iglesias locales. Si se establece una iglesia autónoma en adición a la ganancia de almas habrá poca necesidad de que regresen los evangelistas pasajeros, o hacer estable el fruto que traen al Señor. Si hay iglesia autónoma, neo-testamentaria, habrá siempre quien pueda evangelizar y hacer el seguimiento con los nuevos creyentes. La iglesia y sus miembros se responsabilizan para el evangelismo del pueblo. Habrá "evangelismo" continuo.

IGLESIAS AUTONOMAS

CAPITULO DOS

OBSTACULOS QUE IMPIDEN EL ESTABLECIMIENTO DE IGLESIAS AUTÓNOMAS

- **Algunos Pastores Y Misioneros Ignoran Como Establecer Iglesias Autónomas**

  - **La Falta de Preparación.** A pesar del hecho de que muchos institutos bíblicos, universidades cristianas y seminarios incluyen en su plan de estudio cursos sobre "como plantar iglesias", hay **misioneros y pastores que ignoran los principios básicos sobre "cómo establecer iglesias autónomas".** Los graduados de muchas instituciones de enseñanza superior cristiana no han estudiado estos principios, ni los han visto en práctica.

  - **Consideraciones Culturales.** Recibí una preparación bíblica fundamental pero poca preparación práctica en cuanto a fundar y establecer una iglesia autónoma en el contexto de otra cultura. Una cosa es plantar una iglesia en un lugar con "cultura" igual a la nuestra, pero es algo muy diferente plantar una iglesia en **una cultura extranjera o desconocida.**

  - **La Falta de Experiencia Práctica.** Algunos misioneros han servido siempre en iglesias "**ya establecidas**". Hay mucha diferencia entre pastorear una iglesia establecida que cuenta con gentes maduras y programas bien definidos y pastorear o comenzar una iglesia donde no hay creyente, ni los recursos de una obra establecida. Dios ha levantado a personas con espíritu pionero para comenzar y establecer iglesias locales de la nada. Estos misioneros a veces comienzan por ganar una persona, primer miembro de la nueva iglesia. Estos pioneros merecen nuestro respeto.

  - **La falta de Un Corazón Preparado.** *"Puede ser que uno haya aprendido en un seminario de una semana la mecánica y los métodos de cómo plantar una iglesia, pero solo el Espíritu Santo puede producir en uno el corazón de un ganador de almas y un plantador de iglesias."* **El corazón del plantador de iglesias es el corazón de un pionero espiritual.**

- **Para Muchos El Plantar Iglesias Autónomas No Es La Meta.**

  - **Las Metas Sociales.** Hay pastores y misioneros que enfatizan el **aspecto social del ministerio.** Ayudar a los pobres es una acción muy noble, pero es más bíblico levantar esos ministerios como extensión de una iglesia local. Los ministerios sociales no basados en una iglesia local se ven obligado a buscar recursos en otros lugares. La iglesia local tiene la obligación de ayudar a los necesitados, pero no es probable que preste mucha ayuda si no es primero una iglesia autónoma. Desafortunadamente hay mal uso de fondos en algunos de esos ministerios porque los fundadores y dirigentes tienden a quedarse con un porcentaje fuerte de los recursos o porque no piden dirección de los pastores de las iglesias locales en el área.

  - **Los Ministerios Para-eclesiásticos.** Existen varios ministerios que tienen los buenos propósitos de ganar almas y hacer discípulos pero no en el contexto de la iglesia local. Funcionan aparte de y en paralelo a la iglesia local. Aunque les gusta decir que "contribuyen" a la iglesia local, en realidad compiten con las iglesias locales. Estos grupos planean actividades para los domingos y otros días a las mismas horas cuando las iglesias tienen culto. Piden a las gentes dar su diezmo a ellos, ya que según ellos, "las iglesias tienen mucho dinero y no lo comparten con ellos".

    Supe de una organización que obraba entre los universitarios que en realidad pedía a no-creyentes que dieran un diezmo a ellos. Nuestra iglesia buscaba primeramente ganar esos individuos para Cristo. Es preciso decir, "Todo ministerio debe levantar velas desde una iglesia local y hacer una contribución positiva a la edificación de una iglesia local, una iglesia autónoma".

  - **Los Ministerios Auxiliares.** Los medios de comunicación masivos, la aviación misionera, las clínicas médicas, los ministerios de traducción bíblica, equipos de construcción, imprentas y publicaciones, instituciones de educación formal, los campamentos, y otros ministerios auxiliares pueden servir como ventaja al ministerio de plantar iglesias locales autónomas o

CAPITULO DOS: OBSTACULOS QUE IMPIDEN EL ESTABLECIMIENTO DE IGLESIAS AUTÓNOMAS

pueden suplantar a la iglesia local. Los misioneros y los que tienen el propósito de plantar nuevas iglesias deben tener cuidado y no permitir a "una **obra buena**" tomar el lugar de mayor importancia o suplantar a la **"obra mejor",** la de ganar almas, hacer discípulos y **establecer iglesias locales autónomas**.

- **¿Todos Los Creyentes Son Misioneros?** El propósito de plantar iglesias autónomas se afecta o se debilita de acuerdo a como se promueve la noción de que todo cristiano es un misionero. Antes de seguir, permítanme explicar que sí creo **que todo cristiano debe dar testimonio y testificar de Cristo con el propósito de ganar almas.** Todos los creyentes debemos ir a nuestro mundo con el evangelio.

El problema surge cuando toda obra y ministerio bueno se considera "obra misionera". Hoy día la verdadera obra misionera se pierde en una lista larga de ministerios buenos. Por ejemplo, a los predicadores que andan de lugar en lugar promoviendo el "avivamiento", a ellos les gusta llamarse evangelistas *misioneros*. Los que predican en las cárceles, a ellos también les gusta llamarse misioneros. Todo esto contribuye a la disminución de lo que es verdaderamente la obra misionera, la obra de plantar iglesias autónomas.

Nota: Muchos de los problemas que impiden el establecimiento de iglesias nuevas pueden solucionarse cuando las iglesias establecidas facilitan el descubrimiento de los dones de los miembros. **Los miembros que pueden ejercer sus dones y usar sus talentos en el contexto de la iglesia local no tienen por qué salir de la iglesia y establecer ministerios paralelos a los de la iglesia.** Es precisamente el principio enseñado en Efesios 4:11-16. Los nuevos creyentes ganados y hechos discípulos por el misionero o evangelista, luego se enseñan y se preparan para "la obra del ministerio" por medio de los pastores y maestros para que la iglesia local y el cuerpo de Cristo vayan edificándose.

El clasificar a los miembros de las iglesias con las palabras laicos y clérigo ha causado mucho daño a la obra y ministerio de todos los miembros individuales de las iglesias y en verdad es condenado por el Señor en Apocalipsis capítulo dos. Las iglesias locales de una zona tienen la responsabilidad y el privilegio de ministrar a las necesidades de la gente que vive a su alrededor. Identificar y facilitar el uso de los dones y los talentos de los miembros individuales de las iglesias permite a las iglesias tener ministerio a los presos, los huérfanos, las viudas, los enfermos, los extranjeros, los estudiantes, etc. Los misioneros y la obra misionera existe para que haya nuevas iglesias más allá del alcance de las iglesias locales ya establecidas. Una vez establecida la nueva iglesia autónoma puede comenzar a suplir las necesidades de la gente por medio de sus muchos ministerios.

Jesús dijo, "Edificaré mí iglesia." Mateo 16:18.

Un peligro muy presente en el campo misionero es que el misionero y las nuevas iglesias se involucren tanto en "las obras buenas" que se vuelvan negligente en cuanto a la "obra mejor", la obra de plantar iglesias autónomas.

El misionero Hudson Taylor dijo, *"Hay un Dios vivo. Él ha hablado y ha revelado Su voluntad por medio de Su Palabra. El siempre revela Su voluntad. Y siempre cumple Sus promesas."*

- **A Veces Los Misioneros Se Acostumbran Ser Maestros De Las Nuevas Iglesias Y No Permiten Que Sean Iglesias Autónomas.**

Juan dijo, *"Es necesario que él crezca, pero que yo mengüe."* Juan 3:30

La ministerio se vuelve misionero céntrico en vez de ser Cristo céntrico.

- **El misionero sirve de "casa de préstamo."** Algunos misioneros usan su dinero para controlar a la gente y la iglesia. Es un error muy grave.

- **El misionero puede "usar a los nuevos creyentes" (nacionales) para que él sea un éxito.** Dos practicas muy necesarias:

CAPITULO DOS: OBSTACULOS QUE IMPIDEN EL ESTABLECIMIENTO DE IGLESIAS AUTÓNOMAS

- Hay que usar el ministerio para la edificación de la gente y no usar (abusar) de la gente para la edificación del ministerio del misionero.

- Si uno se esfuerza para que otros tengan éxito, uno será exitoso. Si nuestros discípulos son exitoso y maduros en cuanto a la espiritualidad, nosotros gozaremos de su éxito y participaremos en el éxito de ellos (I Tesalonicenses 2:19).

- **El misionero plantador de iglesias autónomas debe comprender que los discípulos aprenderán de él y que a veces cometerán errores.**

  - Las personas aprendemos a tomar decisiones por medio de "tomar decisiones". La gente aprende a servir por servir.

  - El misionero plantador de iglesias que "toma todas las decisiones importantes él mismo", en vez de **enseñar a la gente tomar decisiones** bíblicas, demuestra que él no tiene confianza en la gente. Si él no confía en ellos, ellos tampoco tendrán confianza en él, en el Señor y en sí mismos.

  - Si él ha de "encomendar al Señor los nuevos creyentes en algún momento, él tiene que enseñarles seguir a Cristo."

  - **Los discípulos de uno, muchas veces aprenden mas por observar que por escuchar.**

- **A lo largo es mejor entrenar cinco predicadores que predicar cinco mensajes.** El plantador de iglesias puede ser una persona de muchos talentos y habilidades, pero su mejor característica será su habilidad de "encargar a hombres fieles" (II Timoteo 2:2) lo que él sabe y puede hacer.

- **El Enfatizar Demasiado El Evangelismo Puede Impedir El Establecimiento De Una Iglesia Autónoma.**

Al leer esto alguien me acusará de no tener una pasión por las almas o de no practicar el evangelismo como manda el Señor. Antes de que alguien me juzgue mal, permítame explicar. **El patrón** que Pablo nos pone delante en Los Hechos 14:21-28 **comienza con el evangelismo**, el predicar el evangelio que encontramos en I

Corintios 15:1-4. Afortunadamente no termina con el evangelismo. El patrón que Pablo nos deja sigue con el **"hacer discípulos"** o sea la enseñanza de lo que Jesús nos ha mandado. Vemos a los Apóstoles ganando almas por medio de la predicación del evangelio en aquella ciudad (Derbe) y luego haciendo el seguimiento o hacer discípulos (Vs. 21. **"enseñaron a muchos"**). En los versículos que siguen los vemos **exhortando a los discípulos** y animándoles a que siguieren fieles. Luego ordenan líderes (ancianos) para las nuevas congregaciones y los **encomiendan al Señor.**

Cuando los hermanos en Cristo solo quieren hacer el evangelismo, por cualquier motivo, y reportar "numerosas conversiones" hay una falta en cuanto a cumplir la gran comisión.

Permítanme explicar algo. Todo creyente en Cristo Jesús tiene la responsabilidad y el privilegio de anunciar el evangelio con el propósito de ganar personas para el Señor. Los líderes y la congregación de la iglesia deben hacer la obra de evangelismo. Un miembro de la iglesia que no busca ganar almas no es digno de servir como líder en la iglesia. Los pastores, los diáconos, los maestros, las esposas de ellos, los que recogen las ofrendas, los misioneros o los que sirven en cualquiera capacidad deben tener corazón para ganar las almas.

Hay que evangelizar a los perdidos. El misionero no puede tener fruto si no evangeliza la gente en donde busca establecer una iglesia.

El problema surge cuando **el evangelismo se convierte en la única meta.** Han nacido nuevas obras como resultado del evangelismo, pero ¿Cuántas veces hemos visto la muerte de estas obras nuevas porque no hubo seguimiento? Tengo en mente el nombre de un hombre que por cierto tuvo un buen corazón pero que paso diciendo que él había fundado varias iglesias en tiempo muy corto. Lamentablemente no permanecieron esas iglesias. Hubo mucho evangelismo pero casi nada de enseñanza o discipulado. Una persona puede evangelizarse en pocos minutos pero el dar al individuo el discipulado requiere más tiempo.

Hay una situación que surge cuando los obreros sienten la necesidad de reportar grandes cantidades de conversiones. A todos nos

CAPITULO DOS: OBSTACULOS QUE IMPIDEN EL ESTABLECIMIENTO DE IGLESIAS AUTÓNOMAS

gustaría poder reportar centenares y aun miles de conversiones cada año, pero si reportamos muchas conversiones y solo hay uno o dos bautismos al año, ¿A quién estamos engañando? En Hechos 14:21 los apóstoles ganaron muchos. ¿Cómo se sabe? **Porque "enseñaron a <u>muchos</u>. La meta es que los ganados lleguen a ser miembros activos, crecientes de la iglesia local.**

Tengo presente el nombre de otro hombre que por cierto tiene muy buen corazón y Dios le ha usado para establecer **a varias iglesias autónomas,** porque sabiamente **ha divido su tiempo entre ganar almas y dar a los convertidos la enseñanza del discipulado.**

Estimado lector, acepte mi desafío -- mejor, acepte la comisión del Señor Jesucristo. Haga <u>el evangelismo y el discipulado</u> con el propósito de <u>plantar y establecer iglesias autónomas</u> para <u>la gloria de Cristo.</u>

Las flores son hermosas, pero duran solo por una estación. Los arboles con su sombra y sus frutas deliciosas nos bendicen y sí duran más, pero su tiempo es limitado. Una iglesia local autónoma es para siempre – sí bien se ha plantado y arraigado por la enseñanza bíblica.

"El evangelismo no se ha completado hasta que los que son evangelizados se convierten en evangelistas."
Dr. Don Sisk, Presidente Emérito, BIMI

- **El Uso No Sabio de Cantidades Grandes de Dinero Ha Impedido El Establecimiento de Iglesias Autónomas.**

    ¿Se ha vuelto loco el escritor? Les aseguro que no. Aunque la mayoría de los que sirven como misioneros, sean personas nacionales o extranjeras, sacrifican mucho para poder servir como plantadores de iglesias, el tener acceso a grandes cantidades de dinero puede afectar negativamente los esfuerzos de establecer una iglesia autónoma.

    - **La iglesia que envía al misionero debe sentirse responsable** por las necesidades del misionero y su familia. Si no es capaz de portar la cantidad total del sostén que falta, debe ayudar al misionero en lo que pueda y luego ayudarle levantar lo que falta. En verdad hay razones porque no es sabio que el misionero tenga sostén de una sola iglesia.

- Tener sostén de varias iglesias presenta la posibilidad de que tenga las oraciones de más creyentes, dándoles la bendición de participar con él.

- **El misionero debe dar cuentas a la iglesia que le envía y a todas las iglesias que lo ayudan.** Son pocos casos, pero hay misioneros y pastores que abusan y acumulan sostén de muchas fuentes y eso sin dar cuentas a nadie.

- En algunos casos **hay agencias misioneras** que sirven como ayudantes a las iglesias y a los misioneros. La agencia misionera también facilita el levantamiento de sostén para el misionero y sirve para evitar abusos. Si un misionero no quiere dar cuentas a la iglesia donde es miembro o a las otras iglesias que contribuyen a su sostén, "¡Precaución!" A propósito, vale que iglesias bautistas envían y que sostengan misioneros bautistas.

- Hay "asalariados" en el mundo entero. Hablar el idioma y conocer la cultura de la gente donde uno sirve no es garantía de que sea siervo fiel del Señor.

- Varios principios:

  - Cuando hay dinero sobre-abundante, no hay necesidad de "orar".

  - Cuando hay dinero en abundancia, no hay necesidad de "tener la confianza en el Señor".

  - Decisiones en cuanto a cómo gastar el dinero pueden tomarse sin pedir dirección del Espíritu Santo.

  - Cuando hay grandes cantidades de dinero la gente aprende buscar a "quien tenga control de la chequera".

CAPITULO DOS: OBSTACULOS QUE IMPIDEN EL ESTABLECIMIENTO DE IGLESIAS AUTÓNOMAS

- Cuando hay grandes cantidades de dinero la gente permite a otro/s pagar la cuentas y no alcanzan ni la madurez, ni la gracia del dar.

- Si el dinero extranjero está disponible por largos tiempos, los nuevos convertidos pueden convertirse en una forma de mendigos espirituales. Hay misioneros americanos que figuran en este número. A estos llamamos "moocheneros" de la palabra "moocher", que se usa de uno que siempre "absorbe" como esponja. Estos creen que "merecen un descuento y ayuda económica especial solo porque son "misioneros". Ellos buscan una dadiva en vez de dar. De esta manera pierden el respeto por quienes tienen el dinero y por si mismo por desear y depender del dinero de otro. Hay que esperar en el Señor.

- En cierta parte del mundo oriental existen muchas iglesias bautistas pero muchos de los pastores prefieren viajar hasta EE.UU. para levantar el sostén como misioneros.

  El plan de Dios que se establezcan iglesias locales autónomas en todo el mundo es un plan viable. El Señor puede bendecir para que las iglesias por doquier puedan apoyar a sus pastores, construir sus templos y apoyar el ministerio de misiones. La última vez que hablé con uno de esos pastores ofrecí un consejo de que alguien haga un favor para esas iglesias – **enseñarlas a dar.**

  ¿Soy malo porque enseño que el Señor quiere y puede proveer para Su obra en todo el mundo usando a los creyentes, miembros de iglesias locales, autónomas? ¿Pueden levantarse iglesias neo-testamentarias, autónomas en todo el mundo o solo en unos cuantos países supuestamente ricos?

  ¿Puede ser que un pastor Hispano habló la verdad cuando en broma me dijo, "Vivimos por **fe; f**ondos **e**xtranjeros?"

- Los creyentes que esperan en el Señor para lo que es necesario para sostenerse ello y el ministerio pueden gozarse en el Señor al ver la provisión de Él. Pueden sentir una satisfacción personal. También las iglesias locales al ver Su provisión.

- **Hay lugar para la ayuda y el apoyo de parte de iglesias establecidas con recursos abundantes. Hay manera de proveer esta ayuda sin impedir o perjudicar el establecimiento de iglesias autónomas.**

Estimado lector, permíteme decir, que no es mi propósito perjudicar a nadie, mayormente a los obreros preciosos y fieles que se esfuercen y están dispuestos a sufrir penurias diarias para poder servir al Señor y darse al ministerio de ganar almas, hacer discípulos y establecer iglesias nuevas. Hay hermanos en Cristo que se han dedicado al servicio del Señor aunque probablemente nunca se vuelvan ricos. Todos los que servimos al Señor hemos pasado y todavía pasamos a veces por épocas de escasez y necesidad. Aun el Apóstol Pablo dijo:

"No lo digo porque tenga escasez; pues he aprendido a contentarme cualquiera que sea mi situación. Sé vivir humildemente, y sé tener abundancia; en todo y por todo estoy enseñado, así para estar saciado como para tener hambre, así para tener abundancia como para padecer necesidad. Todo lo puedo en Cristo que me fortalece." Filipenses 4:11-13

¿Cómo es posible creer tal cosa? ¿Cómo puede una persona entrar en el ministerio sabiendo que pueda haber sufrimiento y necesidades? Solo por saber y vivir con la promesa del Señor de que EL va a suplir nuestras necesidades (Filipenses 4:19). **Sabemos que El no nos desamparará jamás** (Hebreos 13:5).

- Créeme cuando digo que quisiera que todos los pastores, misioneros y obreros de las iglesias fueren ricos y que tuvieren dinero, carros, casas y las cosas materiales en abundancia. No les quitaría nada de lo bueno que pueda venir de la mano de Dios. <u>Siempre y cuando haya ayuda económica del extranjero disponible y se distribuye en una manera que no perjudica el establecimiento de una iglesia autónoma, estoy muy a favor.</u> Por cierto su servidor y mi esposa Patricia practicamos el dar "por la gracia o por fe." **Es más bendito dar que recibir.** Sabemos que somos mayordomos de lo que el Señor

CAPITULO DOS: OBSTACULOS QUE IMPIDEN EL ESTABLECIMIENTO DE IGLESIAS AUTÓNOMAS

provee. También sabemos que las personas que ayudamos reconocen que lo que se da es la provisión de Dios.

- Sin embargo porque sé que no es practico ni bíblico que toda la obra y todos los obreros en el mundo entero sean sostenidos por unas cuantas iglesias en el extranjero y porque creo que esa filosofía y sistema es dañino en gran manera, animo a todos los que participan en la obra de plantar nuevas iglesias que vivan personalmente dependiendo del Señor y que también enseñan a sus discípulos esperar en el Señor para todo.

Leo en Romanos 8:32: *"Él que no escatimó ni a su propio Hijo, sino que lo entregó por todos nosotros, ¿Cómo no nos dará también con él todas las cosas?*

No hay nada que vale más para Dios que Su Hijo Unigénito, Jesucristo.

Nos hemos quedado maravillados de la provisión milagrosa del Señor en nuestras vidas y en las vidas de los obreros cristianos en muchas partes del mundo.

Hermanos, Dios espera que se establezcan iglesias nuevas **autónomas** que puedan unirse al grupo de iglesias que "dan". El Señor bendice a las iglesias locales y a los individuos, incluyendo a los misioneros extranjeros y nacionales y pastores, que extienden la mano de ayuda en vez de siempre tener la mano extendida para recibir una ayuda.

CONSIDERACIONES IMPORTANTES:

A. El misionero debe entender y aceptar su posición y su relación con la iglesia enviadora y la gente que busca alcanzar.

1. La influencia, presencia y trabajo del misionero es "provisional, temporal, y transitorio". Si el ministerio de por vida del misionero es el de comenzar y establecer nuevas iglesias, él debe dedicarse a la preparación de otros que se quedarán encargados cuando él se haya ido. Como el evangelista de Efesios 4:11 el misionero sede lugar a los "pastores y maestros."

   Note: En algunos casos el Señor obra en el corazón del misionero para que se quede como pastor largo tiempo. Algunos misioneros han usado la nueva iglesia como plataforma para multiplicar su ministerio como plantador de iglesias.

2. Los "factores permanentes" que el misionero debe mantener central en sus actividades como plantador de iglesias y en las vidas de las gentes con que trabaja son:
   a. **El Señor Jesucristo.**
   b. **El Espíritu Santo.**
   c. **La Palabra preservada de Dios.**

   Siempre que digo esto recuerdo al difunto Evangelista Lester Roloff. Su lema fue, "Exalte a Jesús y El le exaltará a usted." Es tan importante edificar las vidas, las iglesias y los ministerios sobre nuestra Roca, Jesús. **Que nuestros esfuerzos sean Cristo-céntricos.**

B. El misionero debe evitar edificar usando soportes permanentes.

1. El misionero sabio evita hacerse a si mismo "el centro" del ministerio. Si la nueva iglesia no aprende funcionar sin el misionero, cuando se haya ido él, no seguirá.
2. El misionero sabio evita cualquiera acción que acostumbra a la congregación a depender del liderazgo o de las finanzas externas o extranjeras. Cuando haya necesidades (y habrá) es contra producente decir, "Veamos lo que las iglesias del Norte pueden hacer para ayudarnos antes de hacer algo nosotros." Hay que enseñar a la gente a orar para la provisión de Dios (Filipenses 4:19). Quizás el Señor quiere bendecirles con la provisión en una forma especial para que los miembros suplan la necesidad. **Hay que tener fe en Dios.**
3. El misionero no debe ocupar o llenar una posición en el ministerio durante largo tiempo si hay un miembro nacional que llena los requisitos y puede con la bendición de Dios servir en esa capacidad. El misionero y la iglesia deben ayudar a los miembros a preparase para servir al Señor (Efesios 4: 12). El misionero **DEBE** entrenar a su "suplente". La idea es que el misionero este libre y sin responsabilidades para que pueda moverse a otro lugar y comenzar otra iglesia.

CAPITULO DOS: OBSTACULOS QUE IMPIDEN EL ESTABLECIMIENTO DE IGLESIAS AUTÓNOMAS

C. Algunas veces el misionero extranjero, no sabiamente, impide el establecimiento de iglesias autónomas porque levanta fondos extranjeros para sostener a varios o numeroso obreros nacionales, pastores y otros siervos de las iglesias.

Esta práctica acostumbra a los obreros nacionales a esperar en el misionero y no en el Señor y la iglesia local para sus necesidades. Más que una vez hemos visto las consecuencias dañinas tanto en las vidas de los obreros y sus familias como en la iglesia local. Los obreros se consideran los empleados o siervos del misionero y no del Señor o de las iglesias.

Más de un obrero ha llegado a resentir al misionero porque él vive bien y el obrero pasa con poco. Para varios la solución se haya en "buscar la fuente de los recursos del misionero directamente." El obrero busca contacto con las iglesias que apoyan al misionero – olvidándose de la meta principal – plantar iglesias **autónomas.**

La verdad: La iglesia local donde sirve el obrero debe sostener al obrero. A los misioneros les ofrezco la sugerencia de que no caigan en esta trampa. Los obreros no son nuestros "empleados" o siervos. Al obrero le hago la sugerencia de que no acepte esta situación creyendo que es la mejor solución – es decir, caer en el servilismo porque "él me mantiene."

Un pastor nacional me preguntó, "¿Hermano debo trabajar con Fulano?" Siguió, "Me ha ofrecido local para la nueva iglesia y por qué la congregación no tendrá que pagar la renta me podrá ayudar a mí económicamente." Le dije, "Si ese individuo ofrece un local (tener un local es una ventaja) para comenzar una iglesia nueva, puede controlarte también. ¿Estás dispuesto a aceptar que él te mande y no Dios?" Lamentablemente aceptó la oferta pero más tarde se vio obligado dejar el local porque el individuo quiso controlar la nueva iglesia y a él. **Los caminos cortos y fáciles al momento no siempre son los mejores.** No siempre resultan en el establecimiento de una iglesia autónoma.

Nota: Melvin F. Hodges en su libro "La Iglesia Indígena", (The Indigenous Church, Melvin L. Hodges, Gospel Publishing House, Springfield, Missouri) compara las actividades de comenzar y establecer una iglesia a la construcción de un edificio. Es normal que los obreros utilizan andamios y soportes provisionales para construir nuevos edificios. De esta manera hay seguridad para los obreros, estabilidad para la estructura y acceso para las partes altas del edificio. El uso de andamios es sabio y necesario. Sin embargo los andamios y soportes solo se necesitan "provisionalmente." Al terminarse la construcción se quitan. Ni el arquitecto ni el ingeniero estarían a favor de dejar el andamio o un soporte en su lugar permanentemente. Con el andamio o un soporte en su lugar no podría apreciarse la hermosura y utilidad de la nueva estructura.

Foto por Felix Denmon… Florida, 2014

Una iglesia neo-testamentaria, autónoma no necesita "andamio o soporte material, económico, etc. por largo tiempo." Cuando una iglesia nueva depende continuamente de influencias y apoyos desde afuera es como un edificio con andamios y soportes provisionales que se vuelven permanentes. El Señor, el Espíritu Santo y La

CAPITULO DOS: OBSTACULOS QUE IMPIDEN EL ESTABLECIMIENTO DE IGLESIAS AUTÓNOMAS

Palabra de Dios son los únicos soportes (columnas) que una iglesia autónoma, neo-testamentaria necesita.

Reconozco que las cosas que he escrito en estas páginas introductorias pueden ser controvertidas y para algunas personas, ofensivas. Las escribo desde el punto de vista de un misionero y pastor con 48 años de experiencia. El Señor nos ha permitido servir como plantadores de iglesias nuevas en Centro América, México y Los Estados Unidos de Norte América. Hemos tenido el privilegio de usar los principios aquí expuestos y hemos podido confirmar los resultados que el Señor da cuando se sigue el patrón bíblico definido en Hechos 14:21-28. Más que una vez hemos comenzado una nueva iglesia por ganar un primer individuo para el Señor.

El Señor en Su misericordia y bondad nos ha enviado "personas idóneas para enseñar a otros" a quienes hemos podido "encargar con lo que Cristo nos dejó". Hemos aprendido de otros y hemos recibido ayuda de muchos. Hemos gozado del compañerismo de algunos de los siervos más fieles del Señor Jesús.

En estos años hemos pasado por toda la gama de emociones, de pruebas, dificultades, victorias, gozos, etc. No quiero hacer creer que sé todo en cuanto a cómo plantar iglesias autónomas, ni que este libro contiene todas las respuestas. Sí ofrezco la información que el Señor ha dado en Su Palabra. Estoy convencido de **la importancia de obedecerle al Señor en la tarea de plantar iglesias autónomas y de seguir el patrón bíblico.**

IGLESIAS AUTONOMAS

CAPITULO TRES

ANTES DE COMENZAR

El Plantador de Iglesias Nuevas.

- **El Plantador de iglesias debe tener <u>la seguridad de La Salvación.</u>** El escritor del libro a Los Hebreos dice que los creyentes tienen la obligación de *"acordarse de sus pastores… e imitad la fe de ellos."* Si el plantador de iglesias no tiene la seguridad de su salvación, los miembros de la nueva iglesia tampoco la tendrán.

La seguridad de la salvación es el resultado de creer lo que Dios dice en Su Palabra. Pablo dice que *la fe viene por el oír y el oír por la Palabra de Dios.* Uno sabe que es salvo porque la Palabra de Dios dice, *"Todo aquel que invocare el nombre del Señor será salvo." (*Romanos 10:13)

*"Estas cosas os he escrito a vosotros que creéis en el nombre del Hijo de Dios, para que **sepáis que tenéis** vida eterna, y para que creáis en el nombre del Hijo de Dios."* (I Juan 5:13)

Juan dice claramente que él escribió (por inspiración divina) con un propósito especial. El escribió a los que habían creído en el nombre del Hijo de Dios para la salvación y para que supieran que **tenían ya la vida eterna.** En otras palabras, "Pudieron ellos saber que tenían ya la vida eterna." No dice, "Para que hallen al morir que quizás tengan vida eterna." Nosotros también "podemos saber que tenemos la vida eterna, porque tenemos al Hijo de Dios como Salvador Personal. **<u>Gracias a Dios y a Su Palabra el creyente de hoy día puede saber (ahora) que tiene (ahora) la vida eterna en Cristo Jesús.</u>** El misionero y el pastor plantador de iglesias debe tener (y su esposa también) la seguridad de la salvación basada en Las Escrituras.

- **El plantador de iglesias debe poseer la <u>Madurez Espiritual.</u>**

    "no un neófito, no sea que envaneciéndose caiga en la condenación del diablo." (I Timoteo 3:6)

    "Ninguno tenga en poco tu juventud, sino sé ejemplo de los creyentes en palabra, conducta, amor, espíritu, fe y pureza." (I Timoteo 4:12)

Nota: Un bosquejo sencillo para enseñar este versículo es así. Sé un ejemplo en palabra **(conversación)**, en **conducta,** en amor **((caridad),** en espíritu **(control del Espíritu)**, en fe **(confianza en la Palabra)**, y en pureza **(castidad).**

La palabra "anciano" en I Timoteo 5:17 implica madurez espiritual. El apóstol Pablo escribe a los pastores jóvenes, Timoteo y Tito, referente a los requisitos para pastores, ancianos, y obispos. Por medio de pasajes como los de las Epístolas a Timoteo y a Tito y Los Hechos de Los Apóstoles 20:28 entendemos que las tres palabras, **anciano, pastor, y obispo son títulos que se usan intercambiablemente para referirse a un individuo** que sirve en la iglesia del Señor. Los tres títulos se usan para describir tres cargas o responsabilidades del pastor de la iglesia local.

Un **pastor** cuida al rebaño de Señor. (Juan 21:16, 10:1-16)

"El pastor debe oler a ovejas." Dijo el Pastor John Wilkerson, Hammond, Indiana. Con eso el Dr. Wilkerson quiere decir que el pastor de una iglesia debe pasar tiempo con sus ovejas.

El **obispo** es administrador del ministerio de la iglesia. (Hechos 20:28)

El **anciano** es un hombre maduro y piadoso que tiene convicciones bíblicas firmes. (Tito 1:5-9)

*"Por tanto, **mirad por** vosotros, por todo **el rebaño** en que el **Espíritu Santo** os ha puesto por **obispos,** para **apacentar** la iglesia del Señor, la cual él ganó por su propia sangre."* (Hechos 20:28)

Un hombre maduro y espiritual es un hombre con convicciones bíblicas.

Hace años conocí a un joven de creencias socialistas. Me dijo, *"Estoy convencido de esta creencia política y estoy dispuesto **morir por lo que creo."*** *La conversación con él me motivó hacerme la pregunta, "¿Creo algo por el cual estoy dispuesto morir?"* Creo que estoy dispuesto a dar la vida por las creencias fundamentales bíblicas.

Es fácil distinguir entre "preferencias" y "convicciones bíblicas". Uno solo tiene que preguntarse, "¿Por cuales creencias y prácticas estoy dispuesto dar mí vida?" Debemos orar que el Señor nos dé la gracia necesaria si nos toca morir por lo que son las verdades fundamentales

CAPITULO TRES: ANTES DE COMIENZAR

bíblicas de nuestra fe. También debemos ser honestos y admitir que "tenemos preferencias" que para nosotros tienen importancia pero que no son bien definidos en Las Escrituras. Un ejemplo: **Prefiero** ir a la iglesia el domingo por la mañana, por la tarde el domingo y los miércoles por la tarde, pero no hay versículo bíblico que nos manda asistir a esas horas. Los discípulos se reunían los domingos (Juan 20:2, 19, Hechos 2:1) y seguimos su ejemplo, pero sí por alguna razón nos viéramos obligado tener nuestras reuniones otro día de la semana o con menos regularidad no estaríamos en violación de la enseñanza bíblica. Sí hay un versículo que nos manda "no dejar de reunirnos como es costumbre de algunos." (Hebreos 10:25). **Sí debemos "reunirnos con otros creyentes." Reunirnos no es solo una preferencia personal.**

La verdad: El horario que gozamos actualmente nos conviene pero no es tal que debemos morir si se nos prohíbe.

El hombre o mujer espiritual es una persona que tiene convicciones bíblicas, y las defiende y las practica fielmente (Judas 3).

El misionero plantador de iglesias debe creer lo que la Biblia enseña y **los artículos de fe que él prepara deben reflejar sus convicciones bíblicas y las de las iglesias que le envían.**

"y cómo nada que fuese útil he rehuido de anunciaros y enseñaros, públicamente y por las casas,... Pero de ninguna cosa hago caso, ni estimo preciosa mi vida para mí mismo, con tal que acabe mi carrera con gozo, y el ministerio que recibí del Señor Jesús, para dar testimonio del evangelio de la gracia de Dios... porque no he rehuido anunciaros todo el consejo de Dios." (Hechos 20:20, 24, 27)

El hombre espiritual o **lleno del Espíritu Santo** es un hombre que tiene **compasión y amor por las almas. El ama a Dios primeramente y al prójimo también.**

Jesús les dijo: Amarás al Señor tu Dios con todo tu corazón, y con toda tu alma, y con toda tu mente. Este es el primer mandamiento."
(Mateo 22: 37-38)

"Y amarás al Señor tu Dios con todo tu corazón, y con toda tu alma, y con toda tu mente y con todas tus fuerzas. Este es el principal mandamiento. Y el segundo es semejante: Amarás a tu prójimo como a ti mismo. No hay otro mandamiento mayor que éstos." (Marcos 12:30-31)

El misionero maduro y espiritual ama a Dios como su primer amor (véanse Mateo 24:12 & Apocalipsis 2:4) pero también ama a la gente. Es interesante que **Juan 3:16** nos **habla del amor de Dios** y que es El que dio a Su Hijo Unigénito para que podamos tener vida eterna. Primera de Juan 3:16 nos habla de Su amor pero también del amor que debemos tener para otros.

"En esto hemos conocido el amor, en que él puso su vida por nosotros; también nosotros debemos poner nuestras vidas por los hermanos."
(I Juan 3:16)

Difícilmente puede un hombre plantar una iglesia sí no ama a la gente.

"Porque el amor de Cristo nos constriñe, pensando esto: que si uno murió por todos, luego todos murieron; y por todos murió, para que los que viven, ya no viven para sí, sino para aquel que murió y resucitó por ellos."   II Corintios 5:14

Como hemos dicho, algunos misioneros y pastores usan **el ministerio para edificar a la gente,** los creyentes miembros de la iglesia local (Efesios 4:11-13). Hay otros que **usan a la gente para edificar su ministerio** (I Corintios 9:15). El primero siempre se preocupa por el bienestar de las personas que él sirve, mientras el otro se preocupa más por el éxito personal.

<u>**El amor que uno tiene para Cristo y para otros sirve de motivo esencial en la vida del plantador de iglesias.**</u> Es esta forma de motivación que resulta en recompensa para el siervo de Cristo. (I Corintios 3:11-15)

Solo por la llenura del Espíritu Santo puede uno amar como debe (Efesios 5:18, Gálatas 5:22-23). Vale repasar a menudo la enseñanza de I Corintios 13. **El amor verdadero siempre vela por el bienestar del individuo amado.**

El plantador de iglesias tiene que ser una persona <u>**llena del Espíritu Santo.**</u> Ser lleno del Espíritu Santo significa ser "controlado por el Espíritu Santo." El misionero plantador de iglesias **tiene que someter su vida al control de Espíritu Santo diariamente.** El, diariamente, reconoce que fue "crucificado con Cristo." El muere a sí mismo para vivir en el poder de la resurrección de Cristo. Cristo prometió el poder del Espíritu Santo (Hechos 1:8) y el misionero plantador de iglesias puede apropiarse de ese poder. Es absolutamente necesario si uno ha de plantar una iglesia cristiana. El que lucha constantemente contra el control del Espíritu Santo no tendrá la bendición de Dios en su vida, ni su ministerio. (Efesios 5:18-21)

La Importancia Absoluta del Espíritu Santo

Estimado lector, solo el Espíritu de Dios puede obrar la convicción del pecado en el corazón del inconverso (Juan 16:8-14). Solo El puede aplicar la Palabra de Dios y atraer al perdido a los pies de Cristo. Solo El puede producir fe en el corazón de uno para que crea la Palabra de Dios (Romanos 10:17). Solo el Espíritu Santo puede regenerar al desgraciado no-creyente. ¿Cómo hemos de hacer la obra de ganar almas, hacer discípulos y establecer iglesias nuevas si no dejamos a El hacer lo que solo El puede? Hermano, no hay manera, sino por El.

Maravillosa fue la diferencia que hubo en Pedro y Juan después de recibir la llenura del Espíritu Santo (Juan 21:20, Hechos 3:1-15). Por El fueron ungidos, unidos y usados para los propósitos divinos.

El misionero necesita la **dirección del Espíritu Santo** en su ministerio, en su predicación, en el evangelismo, al dar consejos, y en su estudio de la Palabra de Dios, etc.

El misionero sabio esperará en el Espíritu Santo para que haga la **obra que solo El puede.**

- **El plantador de iglesias debe ser un <u>Ganador de Almas.</u>**

    El hombre que piensa plantar una iglesia necesariamente será un "ganador de almas." El poder prometido por Cristo para Sus discípulos es el poder **para testificar de El**. La <u>**evidencia primaria de la llenura del Espíritu Santo es la de testifica del Señor**</u> (Hechos 1:8).

    Para comenzar una iglesia nueva es recomendable y en verdad necesario que alguien (el misionero u otros) se dedique al evangelismo (Hechos 14:21). Las actividades destinadas a la ganancia de almas se celebran para iniciar una obra nueva y deben continuar como parte integral de la iglesia establecida. La realidad es que no se fundan iglesias nuevas para "robar ovejas de iglesias ya establecidas" sino para alcanzar la gente no-creyente.

Está bien si personas ya salvas en el lugar escogido para la nueva iglesia quieren asociarse con el ministerio nuevo, y pueden ser de gran bendición. Lo que hay que evitar es el buscar prosélitos de otras iglesias bautistas fundamentales. Vale mencionar que a veces iglesias nuevas se establecen porque hay creyentes que no tienen una iglesia bíblica donde asistir.

Lo recomendable es que el misionero, especialmente el que trabaja tiempo completo en el ministerio, dedique 25-30 horas a la semana haciendo el evangelismo. Afortunado el misionero que tiene un equipo de ganadores de almas que le ayudan con el evangelismo. Hablaremos mas delante de esto pero basta por ahora enfatizar **que el que piensa establecer una iglesia debe tener una pasión por ganar almas.**

- **El que sirve como plantador de iglesias necesariamente tiene que "alzar la bandera de Cristo y de La Biblia.".**

El plantador de iglesias alzará la bandera (el estandarte) de la verdad. El tendrá la responsabilidad de establecer "la norma" bíblica. Si él es débil y tímido en cuanto a las normas de la santidad y de lo que es una vida que honra a Cristo, los miembros tendrán la tendencia de seguir el patrón del mundo, el liberalismo, el neo-evangelismo, el ecumenismo, etc. El fundador de iglesias debe estar dispuesto defender "la fe" (Judas 3).

"Amados, por la gran solicitud que tenia de escribiros acerca de nuestra común salvación, me ha sido necesario escribiros exhortándoos que contendáis ardientemente por la fe que ha sido una vez dada a los santos. (Judas 3)

El plantador de iglesias como "obispo" tendrá la grave responsabilidad de **cuidar y vigilar** las ovejas del Señor de la enseñanza del error doctrinal.

El plantador de iglesias como "pastor" debe guiar como **líder** a las ovejas.

Nota: Hay que poner un ejemplo que los miembros pueden seguir. Hay que "enseñar" para que la gente sepa "que creer, como vivir, y además, cuando defender su fe, etc."

- **El plantador de iglesias debe tener confianza en el Señor y a la vez comunicar a los miembros que el Espíritu Santo puede equiparles a ellos así como equipó al misionero** (I Corintios 3:21-23).

El difunto, Dr. Lee Roberson solía recordarnos de la importancia del liderazgo eficaz. Hay que reconocer al individuo que está trabajando bien.

- **El plantador de iglesias debe enseñar "dar cuentas" por dar cuentas.**

  Es un hombre sabio que sabe aconsejarse con otros. El misionero puede poseer la mayoría de "las respuestas" pero estoy seguro que no posee todas. Todos podemos beneficiarnos de los consejos sabios de otros. Dios mediante, puede haber miembros que tengan conocimiento de temas que nosotros no tenemos. Un abogado puede dar consejos en cuanto a la ley. Un banquero, supuestamente, puede dar consejos en cuanto a las finanzas. Una maestra de Secundaria puede dar consejos en cuanto a la gramática, etc.

  Además de aconsejarse con personas que pueden ayudarle llevar bien el ministerio y también evitar fracasos, el misionero sabio establece reglas y controles bíblicos. Siempre recuerdo las palabras de Proverbios 9:8b,

  "Corrige al sabio, y te amará."

  Por ejemplo, el pastor o misionero no debe contar y controlar las ofrendas, ni la chequera de la iglesia solo. El testimonio de los individuos y de la iglesia se protege cuando las ofrendas se cuentan por dos o tres personas. Ellos firmen un recibo que se da al pastor y el secretario de finanzas. La cantidad anotado en ese recibo sirve de control y se compara con el recibo bancario cuando el dinero se deposita en la cuenta bancaria de la iglesia. Mejor que cada cheque requiera la firma de dos o tres personas. La gente tiene mayor confianza cuando haya contabilidad.

"Obedeced a vuestros pastores, sujetaos a ellos; porque ellos velan por vuestras almas, como quienes han de dar cuenta; para que lo hagan con alegría, y no quejándose, porque esto no os es provechoso." Hebreos 13:17

"Por tanto procuramos también, o ausentes o presentes, serle agradables. Porque es necesario que todos nosotros comparezcamos ante el tribunal de Cristo…" II Corintios 5:9-10ª

- **El misionero plantador de iglesias debe ser una persona disciplinada y ordenada.**

    El misionero ordena su vida de acuerdo con las prioridades bíblicas. Es buena costumbre mantener una agenda **y anotar las citas y "las responsabilidades" en su orden de importancia.**

    Hay que tener un **tiempo devocional diario** como individuo pero también un tiempo devocional para la familia. Hay que buscar alimento espiritual para el alma por medio de **la lectura bíblica.** Hay que pasar en comunión con el Señor por medio de **la oración. El debe meditar en La Biblia.**

    Cuidado de **sustituir algo bueno por lo mejor.**

    La puntualidad es característica de "la fidelidad cristiana". Hay que ser puntual en cuanto a los compromisos. El que llega a la hora precisa para la hora del culto llega tarde. El misionero y pastor debe estar por lo menos unos 10-15 minutos temprano para los servicios de la iglesia.

    El misionero hace bien si sigue el ejemplo de los apóstoles.

    "Buscad, pues, hermanos, de entre vosotros a siete varones de buen testimonio, llenos del Espíritu Santo y de sabiduría, a quienes encarguemos de este trabajo. Y nosotros persistiremos en la oración y en el ministerio de la palabra… Y crecía la palabra

del Señor, y el numero de los discípulos se multiplicaba grandemente en Jerusalén…"

Hechos 6:3,4, 7ª

Los apóstoles se dedicaban a lo que les tocaba a ellos, la oración y el ministerio de la palabra de Dios. Ellos encargaron a los hombres siervos (diáconos) de la iglesia el cuidado de las cosas "materiales".

El pastor misionero que tiene sostén tiempo completo debe usar su tiempo sabiamente. El misionero puede dedicarse a trabajar como plomero arreglando la plomería de la casa pero, ¿No sería más sabio contratar a un plomero local para el trabajo? Las iglesias no apoyan al misionero económicamente para que pase la mayor parte de su tiempo trabajando con sus manos, sino para **que pase su tiempo ministrando la Palabra de Dios.** Sin embargo si escasean los fondos para contratar a otros, entonces el misionero tiene que hacer lo necesario. El plomero puede ser otro candidato para recibir el evangelio y a Cristo.

Sé por experiencia personal que es muy fácil distraernos y querer dedicarnos a tareas importantes pero secundarias. **Una tentación es la de construir edificios en vez de edificar vidas.** Las dos cosas son importantes pero, ¿Cuál es la más importante para el ministro? **Hay que saber "delegar" responsabilidades.**

- **El misionero plantador de iglesias debe ser una persona "estable" emocionalmente, económicamente y en los aspectos importantes de la vida.**

El misionero se verá obligado servir como pastor de la nueva iglesia, aunque quizás por un tiempo provisional. En I Timoteo y Tito tenemos los requisitos bíblicos para un pastor y su esposa. La lista contiene varias calidades que indican madurez emocional.

"Palabra fiel: Si uno anhela obispado, buena obra desea. Pero es necesario que el obispo (pastor) sea irreprensible, marido de una sola mujer, sobrio, prudente, decoroso, hospedador, apto para enseñar; no dado al vino, no pendenciero, no

codicioso de ganancias deshonestas, sino amable, apacible, no avaro; que gobierne bien su casa, que tenga a sus hijos en sujeción con toda honestidad (pues el que no sabe gobernar su propia casa, ¿Cómo cuidará de la iglesia de Dios?); no un neófito, no sea que envaneciéndose caiga en la condenación del diablo. También es necesario que tenga buen testimonio de los de afuera, para que no caiga en descredito y en lazo del diablo."

I Timoteo 3:1-7

La iglesia local que envía los misioneros tiene la mayor responsabilidad en cuanto examinar y aprobar, o no aprobar a los misioneros y nuevos pastores. Muchas iglesias han sido negligentes en cuanto a su responsabilidad. Se toman decisiones emocionales y no bíblicas muchas veces.

"No impongas con ligereza las manos a ninguno, ni participes en pecados ajenos. Consérvate puro." I Timoteo 5:22

Por alguna razón muchas iglesias locales no ven la necesidad de dar dirección a los nuevos misioneros. Hay mucha diferencia entre dar libertad a los siervos de Dios para que sigan los dictámenes del Espíritu Santo y las Escrituras y permitir a los nuevos misioneros vivir y servir como les dé la gana. Hay nuevos misioneros que no reconocen la autoridad de la iglesia local que los envía. En verdad hay los que no son buenos representantes de la iglesia que los envía. Los misioneros y las iglesias tienen falta en esos casos.

"El camino del necio es derecho en su opinión; Mas el que obedece al consejo es sabio." Proverbios 12:15

El misionero debe cuidarse de endeudarse. Hay peligro para el misionero y la nueva iglesia cuando no hay sabiduría en cuanto a las finanzas. Realmente es mejor que el siervo de Dios esté libre de deudas (Romanos 13:8) antes de comenzar su ministerio como plantador de iglesias. Hay deudas que son aceptables. Por ejemplo, la mayoría de nosotros compramos casa al crédito. Generalmente una casa se va aumentando en valor al pasar los años. Esta clase de deuda es muy diferente a la deuda de los que compran aparatos electrónicos, televisores, etc. al crédito.

Es posible que el misionero y su familia tengan que hacer sacrificios. **Comparado con los sacrificios de Cristo, nuestro Señor, los sacrificios que nosotros podamos hacer no son nada.**

"Porque ya conocéis la gracia de nuestro Señor Jesucristo, que por amor a vosotros se hizo pobre, siendo rico, para que vosotros con su pobreza fueseis enriquecidos." I Corintios 8:9

"Porque esta leve tribulación momentánea produce en nosotros un cada vez mas excelente y eterno peso de gloria..." I Corintios 4:17

Las decisiones que se toman en cuanto a finanzas deben tomarse siempre con consideración por el testimonio del misionero y la iglesia. Es de esperarse que la iglesia local que envía el misionero pueda proveer algo de dirección en esto. El misionero tendrá que administrar los fondos de la iglesia, dar recibos, pagar cuentas y mantener cuentas y libros para la contabilidad. **Esta responsabilidad debe compartirse con los miembros responsables tan pronto como sea posible.** Seguir un presupuesto y tener las cuentas al día, y mantener libros de cuentas ayudará cultivar confianza y evitar críticas.

- **El misionero plantador de iglesias debe tener estabilidad en la familia.**

    Vivimos en un mundo muy permisivo. Más y más hay iglesias que aceptan como pastores a los hombres que son separados de su esposa o divorciados. No es necesario que el pastor sea persona casada pero si es casado debe tener "en orden su familia".

    El testimonio de un pastor y su esposa de la unión (siendo uno en Cristo) entre ellos, es uno de los testimonios más fuertes y eficaces que pueda haber. La pareja sirve de ejemplo vivo y presente de la relación que existe entre el Señor y Su novia, la Iglesia.

    Según las enseñanza bíblica (Génesis 3, Mateo 19:5, y Efesios 5: 25-32), desde el principio y continuando hasta el día de hoy, es la voluntad de Dios que un hombre y una mujer se casen y que solo la muerte los separe. Cristo dijo en Mateo 19:8, "...*Por la dureza de vuestro corazón Moisés os permitió repudiar a vuestras mujeres; mas al principio no fue así.*" En Malaquías 3:16 el profeta declara, *"Porque Jehová Dios de Israel ha dicho que el aborrece el repudio..."*

El mundo cambia pero La Palabra de Dios y Su voluntad no cambian. Esta es una de las cosas que pondrá a prueba las convicciones bíblicas de la iglesia local. Habrá presión del mundo y por los creyentes carnales buscando obligar a las iglesias bajar el estandarte doctrinal e ignorar los requisitos bíblicos para los pastores y misioneros. **Desafortunadamente hay quienes tienen limitaciones en sus vidas, pero pueden servir al Señor de alguna forma.** Se reconoce que hay personas sinceras que han sufrido el abandono de un conyugue. Su situación es lamentable, pero deben buscar la manera de servir a Dios aceptando sus limitaciones.

Los jóvenes y los nuevos creyentes deben ver una firmeza bíblica de parte de los líderes de iglesia en este asunto.

- **El misionero debe ser persona preparada.**

    El misionero debe tener una buena **preparación BIBLICA**. El debe saber lo que cree y porque lo cree y poseer **la habilidad de comunicar la verdad**. El debe saber **predicar La Biblia**. La Biblia (el evangelio) es poder de Dios para la salvación (Romanos 1:16). Es también el alimento espiritual (Hebreos 5:12-14). **Es el fundamento y la base de la fe cristiana.** Si una iglesia nueva ha de comenzarse y establecerse será necesaria la predicación ungida por el Espíritu Santo de la Palabra de Dios. La fe viene por el oír y el oír por la Palabra de Dios (Romanos 10:17).

    Hace falta una preparación **práctica** en cuanto a cómo plantar una iglesia.

    Hace falta también una preparación adicional si uno va a servir en un ministerio en una cultura extranjera. Puede ser que al misionero le toque plantar una iglesia en otra cultura y usando un idioma no suyo. Sé por experiencia personal que si el misionero puede servir un **"interinato"** con un pastor o un misionero experimentado, le puede ser una ventaja muy grande.

    <u>Básicamente, es para la iglesia local decidir si el misionero llena los requisitos bíblicos para servir en la fundación de una iglesia nueva.</u>

CAPITULO CUATRO

¿EN DONDE SE COMENZARA LA NUEVA IGLESIA?

La voluntad de Dios es que todos los creyentes se involucren en el evangelismo del mundo y el establecimiento de nuevas iglesias. La decisión referente "donde comenzar o plantar una iglesia" puede tomarse entre varias iglesias y sus líderes o simplemente por el misionero y la iglesia que lo envía. <u>**Lo más importante es que el Espíritu Santo esté dirigiendo.**</u>

Básicamente el mundo puede dividirse en tres áreas o zonas:

1. Los lugares **metropolitanos -- las grandes ciudades** donde en algunos casos mora hasta la cuarta o tercera parte de la población de un país. Generalmente esos lugares son centros culturales, políticos, centros de comercio, de la industria y donde haya muchas instituciones de educación (universidades, etc.) y normalmente los medios de comunicación y transporte.
2. Las áreas **suburbanas – las áreas contiguas** a las ciudades.
3. Las áreas **rurales – los lugares como cantones, pueblos muy pequeños, caseríos, y aldeas, etc.**

La primera congregación (iglesia) se estableció en la ciudad de Jerusalén. Jerusalén fue la ciudad principal de Israel en ese tiempo y definitivamente un centro de población, de religión, etc. De Jerusalén, el evangelio fue llevado a muchas otras ciudades y provincias, especialmente por razón de la persecución. Más tarde Antioquia sirvió como centro de actividad para la Iglesia. Ambas ciudades fueron ubicadas en puntos geográficos estratégicos. El sistema romana de caminos, de correspondencia, de idioma y de asuntos económicos, etc. sirvió para la propagación del evangelio.

Nota: El Apóstol Pablo fue judío pero también ciudadano romano. Las iglesias que les gusta señalar que no hubo agencia misionera mencionada en la Biblia harían bien en recordar este hecho. A Pablo no le hacía falta una visa para viajar. Solo tuvo que someterse a un gobierno, usar un dinero y aunque se hablaban varios idiomas, el griego se usaba como idioma oficial en todo el imperio romano.

Hoy día hay más que doscientas naciones y cada una tiene su gobierno con leyes conformes a su identidad nacional, y requisitos para extender visas a los extranjeros, etc... Los misioneros de hoy día tienen consideraciones que Pablo no tuvo.

El Apóstol Pablo, guiado por el Espíritu Santo fue y predicó y enseñó el evangelio en los centros de población. Además de poder alcanzar mayor número de personas en un espacio reducido, estos lugares fueron ubicados en vías públicas muy transitadas. Los apóstoles lograron alcanzar el "mundo conocido" con el evangelio por medio de plantar iglesias en Éfeso, Filipos, Berea, Tesalónica, y Corinto. Probablemente ya existían varias iglesias locales que se reunían en casas particulares cuando él llegara a Roma (Romanos 16:1-16), pero él pudo contribuir al establecimiento de ellas por medio de la enseñanza apostólica.

Hay sabiduría especialmente en seguir la dirección del Espíritu Santo, pero también en dar consideración al ejemplo de Pablo, el apóstol y misionero. Romanos 15:20-21 revelan su pasión.

*"Y de esta manera **me esforcé a predicar el evangelio, no donde Cristo ya hubiese sido nombrado,** para no edificar sobre fundamento ajeno, sino, como está escrito: Aquellos a quienes nunca les fue anunciado acerca de El, verán; Y los que nunca han oído de El, entenderán.*

Las Ciudades y Áreas Metropolitanas

Algunas razones **porque no se plantan más iglesias en algunas ciudades** o lugares metropolitanos:

- Los peligros asociados con las actividades de las maras, el crimen organizado, etc.
- Las inconveniencias como la del tráfico congestionado, la falta de casas disponibles, escuelas no funcionales, etc.
- El costo alto de vivir en la ciudad.
- Los precios altos de las propiedades, de edificios, de la renta, etc.
- La presencia de grupos étnicos (prejuicios, etc.)
- La decadencia de la infra-estructura, etc.
- **La falta de comprensión de la voluntad de Dios.**

Es lamentable que en algunas ciudades las iglesias metropolitanas se hayan traslado a zonas suburbanas o lugares no céntricos. **La salida de algunas iglesias en búsqueda de zonas "más convenientes y cómodas" ha dejado un vacío en cuanto al evangelio y el ministerio de una iglesia fundamental.**

Algunas razones porque plantar iglesias en las ciudades.

CAPITULO CUATRO: ¿EN DONDE SE COMENZARA LA NUEVA IGLESIA?

- Hay **millones de personas** en un área reducida que pueden alcanzarse con el evangelio de Cristo.
- Las **ciudades son centros de comunicación, educación, cultura, gobierno, transporte, servicios médicos,** etc.
- **Las influencias y fuerzas que moldean nuestra sociedad** se hallan en las ciudades.
- Generalmente hay acceso al **transporte público.**
- Es más probable que **el evangelio fluya de las ciudades a las zonas suburbanas y rurales.**
- **La compasión de Cristo el Señor** se ve en Mateo 9:36-38: *"Y al ver las multitudes, tuvo compasión de ellas; porque estaban desamparadas y dispersas como ovejas que no tienen pastor. Entonces dijo a sus discípulos: A la verdad la mies es mucha, mas los obreros pocos. Rogad, pues, al Señor de la mies, que envíe obreros a su mies."*

Algunas personas prefieren vivir y servir en la ciudad. Oremos por ellos y otros que pueden unirse a ellos.

Los Suburbanos

Estos lugares son las áreas cerca de las ciudades. Están en las cercanías pero no parte de la ciudad. Generalmente se caracterizan por vitalidad y crecimiento. La seguridad y tranquilidad de los suburbanos sirven de atracción muy fuerte. Algunos de los que moran en los suburbanos viajan diariamente a la ciudad por razón del trabajo o los estudios.

Hay ventajas en las áreas suburbanos para el plantador de iglesias.

- Las gentes de estos lugares pueden ser **más abiertos a nuevas ideas**. Esto incluye ideas religiosas.
- Porque las gentes de esas zonas pueden gozarse de **una condición económica mejor** o más alta, las iglesias nuevas pueden estabilizarse más rápidamente.
- Mucha gente de los suburbanos gozan de **una movilidad**, y por lo tanto una iglesia puede atraer gentes de mas lejos.
- Puede haber una **diversidad de gente profesional.**
- **Se han establecido iglesias grandes en las cercanías (suburbanos) de las ciudades.**

Las Áreas Rurales

En ciertos países 75% de las iglesias son rurales y tienen una membrecía de 75 miembros o menos. En cualquiera parte del mundo puede haber luchas, dificultades y problemas asociados con el plantar una iglesia en las zonas rurales.

Unas consideraciones.

- Los lugares rurales pueden ser áreas agrícolas o lugares aun más aislados como son las aldeas en áreas no desarrolladas donde no hay caminos.
    - A veces las actitudes de las gentes que viven en esos lugares tienden a ser clandestinas. No muy fácilmente aceptan personas extranjeras o ideas nuevas.
    - Hay veces que uno se ve obligado conseguir permiso de "las autoridades locales" para residir o hacer el evangelismo en tales lugares.
    - Puede haber amenazas o peligros verdaderos en eso lugares.
    - Los religiosos de "religiones reconocidas o establecidas" pueden oponerse a la presencia o a las actividades de misioneros bíblicos.
    - A veces no hay agente policíaco que pueden garantizar la seguridad del misionero y los nuevos creyentes.
    - A veces hay que aprender un idioma o dialecto indígena no escrito.
    - Puede haber consideraciones de cultura (la falta de moralidad, modestia, o casas comunales donde viven todas las familias de la aldea, etc.).
    - Puede ser necesario hacer ajustes en cuanto a cómo presentar el mensaje del evangelio. **Nunca debe cambiarse el mensaje,** solo los métodos o medios para presentarlo.
    - La soledad y la falta de cuidados médicos, de instituciones de educación y servicios normales como agua, luz, tiendas donde hacer compras y otras conveniencias relacionadas con la ciudad o los suburbanos pueden presentar retos grandes. **El misionero y su familia deben tener una convicción fuerte del llamamiento de Dios.**
    - Aislamiento por falta de transporte regular puede producir problemas emocionales, etc.

CAPITULO CUATRO: ¿EN DONDE SE COMENZARA LA NUEVA IGLESIA?

❖ La meta no debe ser la de establecer una iglesia de forma metropolitana, ni suburbano sino una iglesia autónoma.

En los lugares conocidos por la agricultura o en los cantones, caseríos, ranchos, etc., ha habido grandes éxitos. Iglesias pueden establecerse. El misionero o pastor puede verse con la necesidad de dedicarse a un trabajo secular. Puede ser provechoso que el pastor y su familia viva en un pueblo cercano y que viajen los fines de semana para ministrar la Palabra de Dios.

Durante los tres años que servimos como misioneros cofundadores de La Iglesia Bautista Miramonte tuvimos el gran privilegio de viajar a la hacienda "El Zunsa" para ayudar al Hermano Carlos Murga. El Hermano Murga fue el pastor fiel de unas cuantas personas en ese lugar. Nos reuníamos en una chocita y usábamos una lámpara de kerosín. Esa fue una experiencia inolvidable para nosotros. Más tarde se ordenó el Hermano y no nos fue necesario ir.

El Hermano nos contó de unos ladrones que iban a robar su dinero. Ellos habían notado un cambio en él después de su conversión y pensaron que él se había vuelto tímido y miedoso. "Ya no te enojas, ni tomas licor," dijeron ellos. "Vamos a quitar tu dinero," dijo uno de ellos. El Hermano les aseguro de que él no tenía dinero, pero que sí hubo un cambio muy grande en él por haber aceptado a Cristo. "Les advierto señores, la noche cuando me convertí mi machete no se convirtió," continuó el Hermano. ☺ Milagrosamente los ladrones desaparecieron.

Que gusto servir a Cristo en los lugares rurales.

Cuando el Señor dirige a uno para que vaya a cierto lugar como misionero o plantador de iglesia nueva El provee la gracia, sabiduría, y fortaleza necesaria.

Algunas razones equivocadas porque plantar una iglesia nueva.

- No debe comenzarse una iglesia nueva solo para que haya una que puede "controlar" cierta familia; para qué puedan hacer las cosas a su manera de pensar.
- Uno quiere predicar pero no quiere ir a donde haya necesidad verdadera.
- A veces un predicador "descalificado" desea continuar en el ministerio y decide levantar una iglesia que le permite pastorear.
- No es motivo correcto el de plantar una iglesia porque una persona o personas quieren, por preferencia, una iglesia de cierta personalidad, cierta música, etc.

Iglesias deben establecer iglesias nuevas en donde dirige el Señor de la mies, y donde haya necesidad verdadera, mayormente donde no hay iglesia fundamental, que se basa en La Biblia. (Romanos 15:20).

Deben plantarse iglesias nuevas para alcanzar tantas personas perdidas como sea posible. Se establecen para que las comunidades tengan donde enseñarse todo el consejo de Dios, donde pueden adorar al Señor y donde pueden servir y tener compañerismo con otros creyentes.

Institutos Bíblicos

En algunos casos varias iglesias han colaborado para establecer y mantener un instituto bíblico común y al alcance de estudiantes de varias iglesias.

Estos institutos bíblicos céntricos, ministerio de varias iglesias locales han gozado de grandes bendiciones y muy buenos resultados. **Las iglesias representadas por los alumnos deben contribuir fiel y regularmente al mantenimiento del ministerio del instituto.**

Algunos institutos bíblicos se ven necesitados de apoyo extranjero.

La preparación de los misioneros y los pastores es muy importante. **Las iglesias que van a dedicarse a plantar iglesias hijas pueden proveer la preparación necesaria para el obrero por medio de un instituto bíblico.** Con las ventajas de la era moderna (computadoras, imprentas, videos, etc.) casi cualquiera iglesia puede tener un instituto bíblico. De esta manera hay una continuación de la sana doctrina y los principios bíblicos practicados por la iglesia madre.

Unas ventajas de un instituto bíblico como ministerio de una iglesia local.

- La iglesia local es siempre céntrica.
- Los pastores y líderes de la iglesia sirven de profesores.
- El edificio de la iglesia sirve doble propósito – iglesia e instituto. Es una lástima que los edificios de muchas iglesias solo se usan dos o tres veces a la semana.
- El alumno no tiene que viajar lejos para recibir su preparación.
- El alumno puede seguir con su familia y en su trabajo.
- Las clases pueden enseñarse por la tarde o por la noche.

CAPITULO CUATRO: ¿EN DONDE SE COMENZARA LA NUEVA IGLESIA?

- El costo se mantiene bajo tanto para la iglesia como para el alumno.
- La iglesia local provee donde poner en práctica lo que el alumno ha estudiado y ha aprendido.
- La iglesia, por el ministerio del instituto bíblico, tiene una fuente de obreros para abrir nuevas iglesias y que pueden enviarse como misioneros.

En algunos lugares como El Salvador, Centro América varias iglesias, con gran éxito, han desarrollado institutos bíblicos basados en las iglesias para preparar sus miembros para el ministerio. Han preservado la autonomía de las iglesias.

Estimado lector, una iglesia autónoma se gobierna, se sostiene, y se reproduce (propagarse) por el evangelismo y por plantar nuevas iglesias.

Si hay varias iglesias en una ciudad, pueden colaborar y contribuir a un instituto bíblico central. Hay lugar para que colaboren varias iglesias en el desarrollo de un instituto bíblico central o común.

Puede haber ventajas.

- Si todas las iglesias promueven y colaboran en todo sentido para el éxito del instituto.
  - ❖ Deben recomendar a sus miembros, con deseo de servir a Dios, que estudien en el instituto.
  - ❖ Deben colaborar económicamente para que la carga de los gastos y la operación normal del instituto no toque a una sola iglesia o unas cuantas iglesias.
  - ❖ Los pastores y líderes de las iglesias pueden colaborar en cuanto a la enseñanza.

Deben plantarse iglesias porque Cristo lo "manda". Iglesias deben plantarse "donde" El diga. El Señor de la mies seguramente dará Su dirección en cuanto a lugares necesitados del evangelio – lugares donde el Señor quiere hacer una obra especial.

Hay preguntas que el misionero o pastor puede hacerse en cuanto a donde plantar una iglesia o por lo menos prepararse para tomar la decisión.

- ¿Hay una necesidad verdadera en el lugar escogido de una iglesia nueva?
- ¿Se han discutido los planes con su esposa, con su pastor y lideres de su iglesia, el director de la agencia misionera (si pertenece a una agencia) y otros?
- ¿Ha hablado con otros pastores o misioneros en el área?
- ¿Hay contactos, personas interesadas en ayudar establecer una iglesia nueva?
- ¿Hay entre esos contactos personas descontentas? Sería un error comenzar con personas no contentas, etc.
- ¿Se ha preparado para un ministerio en ese lugar?
- ¿Está de acuerdo su esposa y familia?
- ¿Es el Señor que le ha cargado por las gentes de ese lugar? ¿Qué le motiva
- ¿Desea usted ir a ese lugar? (Salmo 37:4)
- ¿Cómo es el ambiente espiritual de ese lugar?
- ¿Está abierta la puerta a ese lugar? Hay lugares donde no hay puerta abierta para misioneros. El Señor es quien abre y cierra puertas. (Colosenses 4:3, Apocalipsis 3:8)
- ¿Hay obstáculos? Algunas veces personas de una raza no aceptan personas de otra raza.
- ¿Cuál es la situación económica de la gente del lugar? ¿Puede usted adaptarse?
- ¿Es un lugar creciente o está sufriendo decadencia económica y de población?
- ¿Será necesario obtener local o propiedad para construir y cuales implicaciones puede haber?
- ¿Habrá un "precio alto" que pagar por servir en ese lugar?
- ¿Está dispuesto pagar ese precio?
- ¿Ha ido a investigar y conocer personalmente el lugar?
- ¿Hay una parte de la ciudad o comunidad donde conviene más comenzar una iglesia?

A veces el éxito de una nueva obra depende de:
- ❖ Comenzar en un lugar que permite "visibilidad o exposición al público".
- ❖ Comenzar en un lugar accesible al público.
- ❖ Hacer del local donde se reúnan (un local aquillado, etc.) un local bien aseado, cómodo, práctico, etc.

CAPITULO CUATRO: ¿EN DONDE SE COMENZARA LA NUEVA IGLESIA?

Hay tres elementos necesarios para comenzar una iglesia. Estas se encuentran en Marcos 3:1-12.

- La <u>**presencia de Jesús.**</u>
- La <u>**predicación del evangelio.**</u>
- La <u>**provisión de la necesidad de la gente.**</u> Cristo es la respuesta.

El misionero debe "correr la voz" de que está y que **Cristo está buscando salvar y dar vida – vida en abundancia** (Juan 10:10). El misionero debe ir de casa en casa invitando a todos los vecinos a asistir a los cultos. El debe aprovechar todos los medios legítimos para anunciar su presencia y propósito.

Una consideración: Al comenzar en cierto lugar o ubicación el misionero puede experimentar limitaciones resultados de prejuicios, divisiones culturales y socio-económicos. En las ciudades especialmente y algunos lugares los individuos no-creyentes no muy fácilmente se dirigen hacia situaciones diferentes a las de su condición económica, educativas, etc. Alquilar un edificio muy barato puede resultar una desventaja insuperable. Si se comienza la nueva iglesia en un lugar de la clase media puede alcanzar gentes de todas las clases. Los creyentes aceptan la idea de "integración e igualdad" más fácilmente que las personas no-salvas.

Hay veces cuando conviene tener como meta "alcanzar las gente de la clase media y alta." Aunque esa es la meta, hay que dar una bienvenida cálida a todo el mundo.

Una ilustración:

En 1970 Rolando Garlick (difunto) y su familia invitó a nosotros y los hermanos Bruce y Karen Bell para qué los ayudaremos comenzar una iglesia nueva en San Salvador, El Salvador. Los Garlick habían alquilado una casa en la Colonia Miramonte, una colonia de familias de la clase media de El Salvador. El objeto fue de ganar tantas personas de la colonia como fuera posible. Entre nosotros (las tres familias norteamericanas) y unos 15 jóvenes (mejicanos y guatemaltecos y americanos) estudiantes del Instituto Bíblico Rodante IBERO, visitamos a todas las casas en esa zona. Se ganaron a muchas personas.

Porque concentramos nuestros esfuerzos de evangelismo en La Miramonte algunas personas nos criticaron diciendo que practicábamos la discriminación en cuanto a los pobres. **Los que critican más fuertemente son, muchas**

veces, los que no buscan ganar a los pobres, ni a los de la clase media. La verdad es que Dios bendijo mucho esa estrategia. El salvó a médicos, dentistas, personas comerciantes, profesores de nivel universitario, arquitectos, dueños de haciendas, militares, abogados, y sí también, obreros de construcción, niñeras, señoras que trabajaban limpiando casas, y muchas personas de pocos recursos económicos. **El Señor Jesucristo nos dio personas de todo sector y nivel socio-económico.** La gente seria aceptó como hermanos en Cristo a las gentes más humildes.

Para la gloria del Señor Jesucristo, La Iglesia Bautista Miramonte, siguiendo a su Pastor, Luis Martí, sigue hasta el día de hoy. La Iglesia ha celebrado más de cuarenta años ministrando la Palabra de Dios a la gente de San Salvador. Promedian mas de mil personas en asistencia y tienen ministerios varios, incluyendo un colegio cristiano, el instituto bíblico, un ministerio de plantar iglesias hijas y también ministerios sociales. Esa iglesia y otras tienen la capacidad de alcanzar a "todos" las gentes de El Salvador.

Aunque el **Tabernáculo Bautista de San Miguel** tuvo un principio más humilde, hoy día goza de una membrecía compuesta de personas que son una fiel representación de cada sector de la población migueleña. Siguiendo a su Pastor Roberto Nieto, la Iglesia ha plantado muchas iglesias hijas.

La Clave: Dios ha levantado pastores y misioneros salvadoreños, y los sigue usando para "edificar Su iglesia."

Jesús dijo: *"...Alzad vuestros ojos y mirad los campos, porque ya están blancos para la siega."* Juan 4:35

Como cristianos bíblicos y bautistas independientes creemos que la obra misionera de plantar nuevas iglesias es la responsabilidad de las iglesias locales. **En verdad toda actividad misionera debe ser iglesia local céntrica.** Creemos que iglesias locales plantan nuevas iglesias por medio de sus programas de misiones. Las iglesias o las congregaciones locales siguiendo los principios bíblicos y la dirección del Espíritu Santo y la provista por los líderes espirituales de la iglesia, toman decisiones en cuanto a donde debe levantarse una nueva iglesia, quienes se involucrarán, etc.

Se reconoce que hay campos "mas blancos para la siega" que otros. Hay que reconocer también que es el Señor Jesucristo, el Señor de la mies, que dirige, y llama a siervos Suyos para que vayan a ciertos lugares. **Solo El abre puertas** (Hechos 16).

CAPITULO CUATRO: ¿EN DONDE SE COMENZARA LA NUEVA IGLESIA?

Campos Misioneros Cerrados

Estimado lector, hay muchas naciones y grupos étnicos que no tienen el evangelio, ni la ventaja de una iglesia local bíblica. Algunas de estas personas viven en países que prácticamente no permiten la entrada abierta del evangelio. Ellos mantienen las puertas de sus países y muchas veces de sus corazones cerrados. **Porque Cristo nos manda llevar el evangelio a "todo el mundo", tenemos la responsabilidad de buscar la manera de proclamar el mensaje de la salvación a todo el mundo.** Porque se ha tomado como una obligación, el evangelizar al mundo entero, muchos han hecho grandes esfuerzos por identificar los lugares y las gentes que no tienen el evangelio.

Muchos con sinceridad han orado por estas gentes. Por medio de varias formas de comunicación como la radio, la televisión, el internet, y la literatura cristiana se ha proclamado el evangelio a las personas viviendo detrás de las puertas cerradas. Durante más de cuarenta años se ha promovido en las iglesias Occidentales (Americanas, Latinoamericanas, y aun Europeas), en los institutos bíblicos, en los seminarios, etc., la necesidad de llevar el evangelio a esas zonas. Gracias a Dios hay personas que se han entregado para servir como mensajeros del evangelio en algunos de esos lugares de "puertas cerradas." A pesar de los grandes peligros, obstáculos y dificultades algunos de esos misioneros extraordinarios han logrado ganar algunas personas para Cristo. Difícilmente y ocultamente han establecido congregaciones locales.

Es una persona muy especial la que puede servir en esos lugares. No pueden entrar en esos ministerios con la misma mentalidad de una persona misionera que sirve en las partes del mundo donde no existen las limitaciones del "mundo de puertas cerradas." No hay resultados (conversiones, bautismos, etc.) numerosos y visibles como en Latinoamérica. La residencia en esos lugares se consigue difícilmente. Algunos logran la residencia a base de un trabajo secular. Algunos enseñan o buscan establecer un negocio o simplemente trabajan en algo secular. No pueden identificarse como misioneros.

Como misionero al mundo Latino tengo unas preguntas.

- ¿Por qué no hay más esfuerzos en cuanto a vivir y servir entre las gentes que emigran de esos países cerrados y que viven en otros países con puertas abiertas? Por ejemplo: Hay más de cuatrocientos mil musulmanes que viven en Michigan de los EE.UU. ¿Cuántos misioneros están trabajando entre ellos? ¿Por qué las personas no

sienten el deseo de servir entre estas gentes y alcanzarlos para Cristo, y quizás poder enviarlos de regreso a su país de origen con el Evangelio?
- ¿No sería sabio buscar ganar esas personas para Cristo, hacer discípulos del Señor de ellos y sugerirles que regresen a su país de origen con el evangelio? Como ciudadanos de los países cerrados no les haría falta visa, etc.
- ¿Cómo hemos de pensar en cuanto a los lugares que tuvieron el evangelio hace siglos y ahora no permiten a los misioneros?
- ¿Hay algo más?

Hermanos, este libro se escribe mayormente para los que pastorean iglesias de gentes hispanas y para los que piensan plantar iglesias en el mundo Latino. En este momento, gracias a Dios la mayoría de los países de habla Español tienen sus puertas abiertas. Algunas sugerencias:

- Si hay gente extranjera (de países cerrados a misioneros) en el lugar donde usted pastorea o donde busca levantar una iglesia nueva, **busque ganarlos para Cristo.** Hay que enseñarles todo el consejo de Dios. Dios puede obrar en ellos una carga por alcanzar la gente de su patria.
- Hay que enseñar a los miembros de su iglesia a **orar por las gentes del mundo entero incluyendo los países cerrados.**
- **Si hay un misionero bautista que usted conoce y usted sabe que bíblicamente merece ayuda, ayúdele.** Sin embargo tenemos que evitar tomar decisiones emocionales y no sentirnos presionados por alguien que conocemos y respetamos. Si alguien recibe sostén de la iglesia deben dar cuentas a la iglesia.
- **Preocúpese usted mayormente** por la gente donde Dios le ha puesto.

"Perseverad en la oración, velando en ella con acción de gracias; orando también al mismo tiempo por nosotros, **para que el Señor nos abra puerta para la palabra***, a fin de dar a conocer el misterio de Cristo, por el cual también estoy preso, para que lo manifieste como debo hablar."* Colosenses 4:3

"... porque **se me ha abierto puerta grande, eficaz***, y muchos son los adversarios."* I Corintios 16:9

CAPITULO CUATRO: ¿EN DONDE SE COMENZARA LA NUEVA IGLESIA?

*"Cuando llegué a Troas para predicar el evangelio de Cristo, aunque **se me abrió puerta en el Señor**, no tuve reposo en mi espíritu,…* II Corintios 2:12

*"…Esto dice el Santo, el Verdadero, el que tiene la llave de David, el que abre y ninguno cierra, y cierra y ninguno abre: Yo conozco tus obras; he aquí, **he puesto delante de ti una puerta abierta, la cual nadie puede cerrar;** porque aunque tienes poca fuerza, has guardado mi palabra, y no has negado mi nombre."* Apocalipsis 3:7-8

*"Y habiendo llegado, y reunido a la iglesia, refirieron cuan grandes cosas había hecho **Dios** con ellos, y como **había abierto la puerta de la fe** a los gentiles."* Hechos 14:27

Hace días leía otra vez lo que Marcos relata en cuanto a la llegada de Jesús a la tierra de los gadarenos. Al llegar el Señor a esa tierra, salió a Su encuentro un hombre endemoniado. **El endemoniado sirve de cuadro grafico del individuo que vive sin Cristo.**

- ❖ El hombre tenía su morada en los sepulcros; Vivía entre los muertos (Efesios 2:1).
- ❖ No pudo vivir con su familia, ni entre sus amigos. Su vida era una de mucha soledad y sufrimiento.
- ❖ Vivía más como un animal que como un hombre.
- ❖ El hombre endemoniado (poseído) de "una legión" (hasta 6000 demonios) fue un salvaje. No se pudo controlar ni dominar. Los grillos y cadenas no servían para detenerle. Daba voces de día y de noche, y se lesionaba con piedras. Quien sabe con qué propósito. ¿Seria para marcar su cuerpo, como los que tienen tatuajes?
- ❖ No tenía paz, ni consigo mismo, ni con otros, ni con Dios (Isaías 57:21).
- ❖ Sabemos que "andaba fuera de sí." Andaba desnudo. La tendencia humana es de andar descontrolado y sin modestia.

Cuando él conoció a Cristo como Salvador y Señor, todo cambio para él. En Marcos 5:15 se nos dice que el Señor echó fuera de él los demonios y que él se encontraba **sentado a los pies de Jesús, que estaba vestido y en su cabal juicio.** El hombre **se tranquilizó y recibió vida.** A pesar de la transformación que hubo en el hombre, los gadarenos, "comenzaron a rogarle a Jesús que se fuera de sus contornos." (Versículo 17)

No querían que Jesús estuviera donde ellos – como algunos países no quieren a Jesús, ni el evangelio de El. ¿Los abandonó el Señor? **¡NO!**

¿Qué hizo? Dijo al recién convertido, *"...**Vete a tu casa, a los tuyos, y cuéntales cuan grandes cosas el Señor ha hecho contigo, y como ha tenido misericordia de ti.**"* Una de las maneras más simples de presentar el evangelio es contar lo que Cristo ha hecho en la vida de uno y dar el testimonio personal. **El Señor mandó a ese hombre ser el testigo para El donde la gente no quería que El estuviera.**

Esa es la recomendación mía también. **Qué bueno sería que las personas de países cerrados que se convierten, que regresan a sus países de origen y que den el evangelio a "los suyos."** Tristemente, los que llegan a donde se predica el evangelio, al convertirse, prefieren quedarse donde están y no quieren regresar a su país de origen. **¿Está bien pensar así? ¿No sería una solución bíblica a la necesidad de evangelizar a los billones que viven en los países cerrados?**

CAPITULO CINCO

UNOS MODELOS BÍBLICOS

A. Hay misioneros que son enviados por una sola iglesia y que trabajan con la idea de quedarse como pastores permanentes.

Hay iglesias locales de visión misionera que están plantando iglesias en la esfera de su ministerio. Los detalles de los métodos de estas iglesias se mencionarán más adelante. Por cierto sus métodos dan muy buenos resultados para la gloria de Cristo.

Los miembros de estas iglesias se involucran personalmente en el ministerio de plantar nuevas iglesias. A veces son estudiantes en el instituto bíblico de la iglesia. Otras veces ellos toman la decisión de estudiar y preparase bíblicamente después de haber participado en el ministerio de levantar una nueva iglesia.

Normalmente los miembros van en equipo para evangelizar a la gente en la zona donde se busca establecer una nueva iglesia, y ellos pueden experimentar personalmente la satisfacción de ganar almas y hacer discípulos. Ellos ven muy de cerca la obra de Dios en los corazones de otros. El Señor también obra en ellos.

Generalmente la congregación de estas iglesias toma la decisión de establecer una nueva iglesia. Claro los líderes (Pastores, diáconos, maestros, etc.) dan dirección en cuanto a esta decisión. Es probable que su decisión de comenzar una iglesia sea el resultado de la oración ferviente y la consideración de ciertas preguntas como las alistadas en la página 64.

Aunque no es necesario que alguien sea designado "pastor-misionero" en el momento de iniciar la nueva obra, tarde o temprano habrá alguien que sobresale o se destaca como el individuo con mayor pasión por la nueva obra. **Los líderes de la Iglesia, los miembros de los equipos que participan en las actividades de levantar la nueva iglesia y especialmente el individuo en quien Dios está obrando el deseo de servir como pastor-misionero, reconocerán la voluntad de Dios.** A mi manera de pensar, si no hay un pastor-misionero desde el primer momento, ésta es la mejor manera de proceder. La convicción del llamamiento de

Dios y la pasión por la obra pueden sembrarse y crecer en el corazón del individuo.

Estos misioneros:

- No necesariamente comienzan como misioneros. Los ejemplos de algunos casos similares en Los Hechos 6:8 (El diacono Esteban convertido en evangelista); 8:4, 26 (Felipe convertido en evangelista); 13:1-4 (Pablo y Bernabé, pastores de la Iglesia de Antioquia convertidos en misioneros de verdad); sirven como confirmación de que la conversión de uno en misionero puede ser un proceso.
- Sí sirven activamente como miembros de una iglesia local.
- Reconocen la autoridad de la iglesia local.
- Sus actividades son iglesia céntricas. El ministerio "es de una iglesia local a una iglesia local nueva".
- Desarrollan una pasión por la obra a la vez que sirven.
- Pueden aumentar su conocimiento de la Biblia y el ministerio, a la vez que sirven.
- Supuestamente tendrán el apoyo de la iglesia madre, porque los miembros conocen personalmente a estos hermanos misioneros/pastores.

B. Los misioneros que comienzan y establecen a varias iglesias.

Esta clase de misionero busca y levanta sostén económica de varias iglesias para que él pueda dedicarse tiempo completo al ministerio de plantar nuevas iglesias. Como pastor misionero él sigue con la nueva iglesia hasta establecerla en iglesia autónoma. El es un evangelista y a la vez un pastor maestro. El sigue el patrón y el ejemplo de los Apóstoles (Hechos 14:21-28).

Las ventajas de trabajar como misionero a tiempo completo.

- La nueva iglesia goza del liderazgo espiritual y maduro del misionero desde el principio.
- Porque él tiene sostén mensual provisto por varias iglesias, él puede dedicarse al evangelismo y el discipulado a tiempo completo.

- El puede hacer visitas a cualquiera hora del día o de la tarde porque no tiene las limitaciones que tiene uno que trabaja en lo secular.
- Está libre para ministrar la Palabra de Dios donde y cuando sea necesario o a la hora que sea conveniente.
- Como misionero él cuenta con el apoyo de la iglesia que le envía y también de varias iglesias adicionales.
    - ❖ El da cuentas a la iglesia que le manda y a las demás que le ayudan.
    - ❖ El puede aconsejarse con varios pastores.
- El misionero plantador de iglesias cuenta con **las oraciones y respaldo** de numerosas iglesias. La bendición de poder contar con las **oraciones de otros es una ventaja grande.**
- Algunas veces los nuevos creyentes y miembros de iglesias nuevas se animan al saber que forman parte de una "comunidad de iglesias."
- Obviamente, varias iglesias tienen más recursos que una sola congregación.
- En algunos países el misionero extranjero no puede trabajar en lo secular. Muchos gobiernos no permiten que un misionero "tome el trabajo que un compatriota puede necesitar." Estos misioneros obligadamente tienen sostén del extranjero. Algunas veces para conseguir una visa de residencia el misionero tiene que demostrar y confirmar que tiene sostén regular y garantizado, extranjero. Una iglesia o una agencia misionera se ve obligado proveer esa garantía. Obviamente puede haber ventaja cuando uno se asocia con una agencia misionera de renombre. Muchas iglesias pequeñas no cuentan con los recursos para proveer esta garantía económica. Por esta razón muchas iglesias colaboran con buenas agencias misioneras.

Note: Las agencias misioneras bautistas independientes por fe reconocen que las agencias **deben existir para servir a las iglesias locales y sus misioneros.** Bíblicamente son las iglesias que tienen la autoridad suprema (después del Señor Jesucristo) sobre el misionero, pero las agencias pueden servir a las iglesias locales para facilitar la obra misionera.

Quizás sería bueno dar una explicación: Las agencias misioneras bautistas independientes de fe no pagan sueldo a los misioneros. **Generalmente el único dinero que tienen estas agencias es el dinero que se envía por las iglesias**

para el sostén de los misioneros. Por esta razón el dinero entra y sale. El dinero no es de la agencia, sino del misionero. Las agencias tienen que depender de Dios, de los misioneros y de las iglesias para cubrir sus gastos. El misionero depende del Señor y de las iglesias para el sostén mensual.

Unas Consideraciones:

- El misionero puede aceptar el papel de jefe y maestro de la nueva iglesia y de esta forma impedir el establecimiento de una iglesia autónoma que se gobierna.
- Si a él le gusta tener el poder y el control absoluto de la nueva obra, no se preocupará por entrenar y preparar líderes.
- El hecho de que el pastor-misionero tiene sostén de fuentes externas puede **contribuir a que los miembros no se sienten obligados dar para el cuidado de él.** Es necesario enseñar a los miembros de toda iglesia nueva la responsabilidad que tienen de proveer el sostén para su pastor (I Timoteo 5:17-18). El misionero debe enseñar sistemáticamente y ordenadamente (con un plan para que la iglesia esté preparada cuando sea necesaria) las verdades bíblicas en cuanto a proveer para los hombres de Dios que sirven a la iglesia.
- Si el misionero tiene que ausentarse a cada rato o por largos tiempos con el propósito de reportar a las iglesias que le apoyan económicamente esto puede ser desventajoso. Ha habido casos de misioneros que por no tener sostén suficiente se han ausentado en búsqueda de sostén adicional.
- El misionero que desea servir a tiempo completo puede tardar muchos años en levantar el sostén necesario. Hay razones:
  - ❖ El misionero **no está bien preparado** para el ministerio de "buscar sostén."
  - ❖ El misionero **no se dedica** a ese ministerio. El ministerio de levantar sostén misionero requiere "trabajo." Hay que hacer llamadas telefónicas para comunicarse con los pastores de iglesias. Hay que visitar numerosas iglesias y por lo tanto hay viajes que hacer.
  - ❖ A veces el misionero **no comunica su pasión** por las almas y por el ministerio de plantar una iglesia nueva. Uno no puede comunicar lo que no es real.

CAPITULO CINCO: UNOS MODELOS BÍBLICOS

- ❖ Algunos misioneros **no proyectan una "urgencia"** en cuanto a llegar al campo misionero. Ellos dicen, "Bueno, vamos a tardar tres o cuatro años en levantar el sostén, o quizás más."
- ❖ Otros misioneros sencillamente **no oran porque provea Dios** – que El toque los corazones de los miembros de las iglesias donde él busca sostén y apoyo.

- Hay la posibilidad de que algunas personas no se acercan a la nueva iglesia porque se dan cuenta que el pastor misionero es "transitorio" y que no tiene planes de quedarse largo tiempo.
- A algunas personas miembros de la nueva iglesia quizás no les guste la idea de que su pastor (misionero) amado no siga permanentemente con ellos.

Es cierto que puede haber desventajas cuando el misionero es obrero a tiempo completo, pero en muchos lugares del mundo este sistema ha dado muy buenos resultados. El Señor ha bendecido los esfuerzos de misioneros que han seguido el ejemplo del Apóstol Pablo.

Nota: Hay unos pocos campos misioneros y situaciones, como ya hemos mencionado, que se prestan mejor a que el misionero **trabaje en lo secular** para lograr el sostén económico que hace falta. Hay quienes les gusta hablar de "**hacedores de tiendas**" Se menciona que Pablo trabajaba en lo que era su oficio, "**hacer tiendas**" (Hechos 18:1-3). *"Después de estas cosas, Pablo salió de Atenas y fue a Corinto. Y halló a un judío llamado Aquila, natural del Ponto, recién venido de Italia con Priscila su mujer… y como era del mismo oficio, se quedó con ellos, y trabajaban juntos, pues **el oficio de ellos era hacer tiendas.**"*

Aunque es cierto que Pablo y otros trabajaron así en ocasiones, también es cierto que él dijo, *"Y cuando estaba entre vosotros y tuve necesidad, a ninguno fui carga, pues **lo que me faltaba, lo suplieron los hermanos que vinieron de Macedonia,** y en todo me guardé y me guardaré de seros gravoso."* (II Corintios 11:9)

El individuo que se ve obligado "trabajar en los secular" y está dispuesto hacerlo para poder servir como mensajero del Señor en cierto lugar, **ha de admirase y respetarse como siervo de Dios.**

C. Hay Misioneros Pioneros.

Estos misioneros trabajan en lugares no cercanos a la iglesia que le envía. Por razón de la distancia de la iglesia que envía no hay posibilidad de que haya equipos que viajen regularmente para ayudar con el evangelismo y el discipulado. Inclusive pueden trabajar en otros países. El no busca el sostén de misionero, sino va y consigue trabajo para sostener a sí y a su familia. Ellos tienen la intención de levantar una iglesia y quedarse como pastor.

D. Hay Misioneros Que sirven Con El Apoyo Económico Provisional de La Iglesia Que los Envía.

La ayuda económica provisional puede ser una bendición grande cuando uno está levantando una nueva iglesia. Porque el sostén es "provisional" y a veces parcial, el misionero se esfuerza por enseñar a los nuevos creyentes la importancia de ser buenos mayordomos. El enseña lo que la Biblia dice en cuanto a proveer para el ministerio y el ministro (I Timoteo 5:8, 17-18).

El misionero que piensa quedarse permanentemente (20-30 años) como pastor de una iglesia haría bien en permitir a esa iglesia apoyarle y librar a las iglesias que le sostienen para que den los fondos a otros misioneros más necesitados.

Lo importante es ser responsable, bíblico, piadoso y guiado por la ética cristiana bajo la autoridad de la iglesia que le ha enviado.

CAPITULO SEIS

COMO PLANTAR UNA IGLESIA NUEVA AUTÓNOMA

A. Como Plantar Una Iglesia Autónoma En Un "Campo Blanco"

Jesús dijo, "...Alzad vuestros ojos y mirad los campos, porque ya están blancos para la siega." Juan 4:35

Debe reconocerse que hay algunas partes del mundo (campos misioneros) que son "más blancas" que otras, y por lo tanto se ve más fruto más pronto. Los países de Latino América, algunos países del África, y las Islas Filipinas han sido campos muy fructíferos, y ha habido más resultados visibles en la forma de conversiones y el establecimiento de iglesias nuevas. Referimos a esos lugares como campos fructíferos. En esos lugares no es siempre necesario desarrollar la amistad o una relación con las personas para poder presentarles el evangelio. Hay personas que se convierten sin saber el nombre del ganador de almas. En contraste hay otros lugares abiertos a los misioneros pero prácticamente cerrados al evangelio. Algunos países de Europa y otros como Japón, Australia, etc. que permiten a los misioneros como residentes pero por las influencias de cultura, o de las religiones estatales hay poco fruto. Claro hay otros lugares en el mundo donde no se permiten a los misioneros.

En este capítulo daremos información sobre como plantar iglesias nuevas autónomas en los lugares fructíferos primero.

- **El Plantar Una Iglesia Comienza Con El Evangelismo**

Alguien puede decir, "Hermano Roberto, todo el mundo sabe que hay que "evangelizar a los perdidos" si una iglesia ha de establecerse." A pesar de que todo el mundo lo sabe, ¿cuántas veces vemos que hay poco evangelismo? El ganar almas para Cristo debe ser uno de nuestros motivos más grandes. Se establecen las iglesias nuevas con este propósito y por ese medio. Hay que preguntarse, ¿Tengo yo una pasión por ganar almas para Cristo? Si piensa plantar una iglesia usted necesita tener esa pasión.

Si una iglesia autónoma ha de establecerse el misionero tendrá que hacer el evangelismo personal. Hermano pastor/misionero, no solo hay que buscar ganar las almas para Cristo. Además, al ganar a algunos, hay que entrenar esos nuevos creyentes en cuanto a cómo compartir su fe en Cristo con otros. Para comenzar bien, el plantador de iglesias debe recordar que una iglesia autónoma es una iglesia que se propaga – que se extiende por ganar a otras personas perdidas. Si uno comienza bien puede terminar bien. Haga del evangelismo una prioridad desde el primer momento.

Una de las primeras lecciones bíblicas para nuevos creyentes debe ser una que prepara al nuevo discípulo para la ganancia de almas. El equipo de "evangelistas" de una iglesia crece cada vez más cuando los nuevos creyentes lleguen a buscar la conversión de sus familias, sus amigos, los compañeros de estudio o de trabajo, etc.

Hay que pensar así, "Si yo puedo ganar diez almas está bien y gracias a Dios, pero si puedo entrenar diez ganadores de almas, mucho mejor.

Bendito el misionero que cuenta con un grupo de personas que pueden ayudar con el evangelismo. Puede ser que los miembros de la iglesia enviadora pueden ayudar. Algunas veces un misionero comienza la nueva obra contando con la ayuda de varios hermanos ya salvos.

En Centro América tenemos el dicho, "Dinero llama dinero." También, es cierto que, **"Gente llama gente."** Una cosa que Dios usó en el ministerio en Matamoros, Tamaulipas, México, en La Zona 19 de la Ciudad de Guatemala, en la Colonia Miramonte en San Salvador, El Salvador y en San Miguel (mas tarde), es el hecho de que hubo quince a veinte personas presente en los cultos desde el principio. Hubo dos o tres familias misioneras sirviendo juntos con algunos alumnos del instituto bíblico, IBERO. De esta manera hubo un gran equipo para el evangelismo.

A pesar de eso, **hay que tener cuidado cuando haya personas ya salvas que desean asociarse con la nueva iglesia.** Varias veces durante estos 47 años de servir como plantador de iglesias, he tenido la experiencia de recibir en una iglesia nueva una persona que decía, "Que bueno que Dios les ha enviado. Tengo la misma doctrina y practica y deseo formar parte de una iglesia verdaderamente fundamental, etc." Por lo menos tres veces descubrimos, al pasar el tiempo, que no era cierto lo que decían. Esas personas a veces resultan ser lobos vestidos de ovejas.

Hermanos, es mejor ser "tardos para recibir personas desconocidas" como miembros. La obra progresa más lentamente sin su presencia, sus ofrendas, etc. pero si tarde o temprano van a causar problemas y dividir la iglesia, mejor no tenerlos como miembros.

Casi siempre conviene que la obra comience con personas recién convertidas que pueden edificarse y establecerse por el seguimiento. De esta forma se establece una iglesia bíblica que no se caracteriza por los prejuicios ni las ideas preconcebidas que pueden tener los que llegan de otras iglesias. Claro siempre hay excepciones. Que el Espíritu Santo dé discernimiento.

El Evangelismo Puede Tomar Varias Formas

De Casa en Casa

Probablemente la forma más común de evangelizar es **el evangelismo de puerta en puerta.** Recuerdo haber ido de choza en choza en una aldea. Como no había puerta para que la tocaremos, solo gritamos, ¿Hay alguien? para llamar la gente. Puede ser necesario modificar la práctica según el área, pero la idea de ir por toda la comunidad de casa en casa es una manera ordenada de dar el evangelio.

Recuerdo el testimonio de un misionero amigo. Alguien le había dicho que el "visitar casa en casa" no daba resultados en cierta zona. El amigo siguió su programa de visitación de casa en casa y en el proceso encontró a una persona conocida que no sabía de su presencia, ni de la existencia de la nueva iglesia. El individuo llegó a congregarse en la nueva iglesia. Hay que hacer la prueba. He aquí unas ideas:

- Si hay un mapa disponible de la zona, se puede marcar indicando cuales casas se han visitado. O puede mantenerse un control de los nombres de las calles y los números de las casas donde se ha hecho una visita.
- Hay que mantener tarjetas con las direcciones, **los nombres de las personas** con quienes se ha hablado, los resultados de las visitas, fechas de las visitas, nombres y edades de los habitantes, etc. Es importante indicar si la persona ha llegado a los cultos de la nueva obra.

- **Es importante tener folletos con el evangelio, el nombre, la dirección, y el propósito de la nueva iglesia.** Si es práctico, vale tener una invitación imprimido con esta valiosa información de la iglesia. La invitación sirve para identificar el pastor/misionero, el horario de reuniones, y en breve, el propósito de la iglesia. Se puede decir alguno como, "En nuestra iglesia todo el mundo es BIENVENIDO" o "La Biblia es la única base de nuestra fe y practica." Guarde que la información en los folletos y en la invitación sea positiva. No hay que atacar o presentar declaraciones negativas. Hay que exaltar a Cristo. Hay que dejar la puerta abierta para otra visita.
- **Hay que expresar el amor de Dios y el amor y el cuidado de los de la iglesia.**
- **Los que van a participar deben preparase bien.** Son representantes de Cristo y de la nueva iglesia. Conviene que tengan un Nuevo Testamento de bolsillo. Hay que presentar siempre la verdad de La Palabra, pero no hay que discutir puntos de diferencia, etc.
- Si hay personas de iglesias bautistas fundamentales hermanas cercanas que pueden ayudar, puede ser de gran bendición la cooperación de ellos. Hay veces que los miembros de la iglesia madre puede ayudar con esas actividades también.
- **Hay que orar fervientemente** antes, durante y después de la visitación.
- **Hay que buscar ser lleno del Espíritu Santo.**
- Conviene comenzar la visitación **en la zona donde se reúne la nueva iglesia.**

Ideas adicionales:

Campañas de Evangelización

- Estas campañas pueden celebrarse al aire libre en uno de varios lugares:
    - En el patio de una casa
    - En una cancha de deporte
    - Hay veces que se celebran en la calle
    - En un parque, quizás en el centro del pueblo.
- En un edificio designado para el propósito de tener reuniones

CAPITULO SEIS: COMO PLANTAR UNA IGLESIA NUEVA AUTÓNOMA

- ♦ En un local alquilado
- ♦ Local de un hotel
- ♦ Local de una escuela
- ♦ En un salón para banquetes
- Quizás en el local de la nueva iglesia.
- Hay que preparar todo para lograr mayor contacto con la comunidad. El propósito es que las personas escuchen el evangelio, pero también darles información sobre el ministerio de la nueva iglesia. Hay que dejarles con el deseo de saber más y saborear más.
    - ♦ Banderas, anuncios por radio, en la tele, o sencillamente por "correr la voz," y campañas especiales de visitación, etc.
    - ♦ Hay que prepara el lugar
        - ♦ Luces adecuadas, el aseo, suficientes sillas, equipo de sonido (si hace falta), instrumentos musicales, etc.
        - ♦ Hay que conseguir los permisos correspondientes
        - ♦ Se consideran, el tiempo, la hora, el día de semana, etc.

Hay que preparar el programa con **énfasis en la presentación del evangelio** (I Corintios 15:1-4 -- La muerte de Cristo por nuestros pecados conforme a las Escrituras, Su sepultura, y Su resurrección al tercer día conforme a las Escrituras).

Puede haber música pero el énfasis debe ser en presentar las buenas nuevas de evangelio. Generalmente la gente no-creyente no sabe cantar himnos. Los de la iglesia tendrán que responsabilizarse por la música. Pueden prepararse un número limitado de hojas con la letra de los himnos y los coritos que van a cantarse.

Los hermanos de la iglesia deben dispersarse entre los concurrentes para poder animarles a seguir en la Biblia los versículos del mensaje, etc. El propósito principal es lograr la salvación de nuevas personas. Durante la "invitación," hay que animar a los oyentes aceptar a Cristo – si se nota que el Espíritu Santo está obrando.

Si hay decisiones, hay que anotar nombres y direcciones, edades, etc. No hay que desperdiciar, ni perder el fruto de sus labores.

- **Se usan muchas otras formas de evangelización**
    - ♦ Los creyentes podemos invitar a personas no-creyentes a nuestra casa para una comida, etc.

- Se busca la amistad con los no-creyentes con el propósito de alcanzarlos para Cristo.
- Campañas médicas pueden abrir puertas para la evangelización.
- Tiempos de desastre natural (terremotos, diluvios, etc.) pueden permitir a las iglesias ministrar a los damnificados y así abrir puertas.
- **Cada persona con quien usted y yo tenemos contacto es un candidato para la evangelización -- hasta que sepamos que son salvos** – el plomero, el zapatero, la sirvienta en el restaurante, el empresario y vendedor en el mercado, el ayudante del electricista maestro, el mecánico en el taller, el deportista, el alcalde, los soldados, etc. – todo el mundo.

*"Y después de **anunciar el evangelio a aquella ciudad** y de **hacer muchos discípulos**, volvieron a Listra, a Iconio y a Antioquía, confirmando los ánimos de los discípulos, **exhortándoles** a que permaneciesen en la fe, y diciéndoles: Es necesario que a través de muchas tribulaciones entremos en el reino de Dios. Y **constituyeron ancianos en cada iglesia**, y habiendo orado con ayunos, los **encomendaron al Señor** en quien habían creído..."* Hechos 14:21-23

Estos versículos nos presentan el patrón bíblico para el ministerio misionero de plantar iglesias: Anunciaron el evangelio – **Evangelizaron**; Ellos hicieron muchos discípulos (evidentemente ganaron a muchos) – **Enseñaron**; **Exhortaron** a los hermanos a que siguiera fieles en la fe; **Establecieron líderes** en cada iglesia – es también evidente que **Establecieron iglesias** locales nuevas; Y finalmente ellos, después de orar con ayunas, los **Encomendaron al Señor** en quien habían creído.

Solo el Espíritu Santo, por medio de aplicar la Palabra de Dios al corazón del inconverso, puede atraer, convencer y salvar al pecador. Siempre hay que ser sensible a Su dirección. *Hay que ministrar como colaborador con El.*

Estimado hermano lector, **alguien tiene que hacer la evangelización o una iglesia no se establece y las establecidas mueren.** Hay que hacer el ministerio de evangelista. <u>**Hay que ser un ganador de almas.**</u>

<u>Además, todo misionero y pastor debe entrenar otros para que sean ganadores de almas.</u>

"Lo que has oído de mi ante muchos testigos, esto encarga a hombres fieles que sean idóneos para enseñar también a otros. 2 Timoteo 2:2

- **Comenzamos La Nueva Iglesia Enfatizando La Ganancia de Almas, Pero Muy Luego Tenemos Que Hacer de La Enseñanza Una Prioridad También.**

    El misionero y los que él ha ganado y preparado como ganadores de almas tendrán que poner más énfasis en "hacer discípulos" o la enseñanza de los principios básicos del cristianismo bíblico.

    Cada vez que se gana otra persona para Cristo habrá necesidad de comenzar el seguimiento. **No hay que esperar mucho tiempo.** Conviene comenzar a enseñar al nuevo creyente no muchos días después de su conversión. En el principio el misionero/pastor y su esposa pueden ser los únicos capacitados para hacer discípulos. Ningún hombre, ni ninguna mujer tienen la fortaleza para llevar toda esta carga solo.

    El Pastor y su esposa deben "encargar a hombres y a mujeres fieles que son idóneos para enseñar a otros."
    - El ganador de almas enseña a otros ganadores de almas
    - El que hace el discipulado enseña a otros como hacer discípulos
    - Con el tiempo habrá personas capacitadas para entrenar a ganadores de almas
    - Habrá más entrenadores que pueden enseñar a otros entrenadores, que pueden entrenar a otros... La iglesia se reproduce.

Debe haber una transición de "solo ganar almas" a comenzar a entrenar lideres y obreros. El mensaje del ganador de almas es un mensaje nada complicado. El evangelio completo solo tiene cuatro o cinco puntos mayores. En contraste, hay normalmente 20 a 25 lecciones del discipulado o seguimiento. La tarea de enseñar a un nuevo creyente es tardado y requiere una preparación adecuada. La enseñanza es absolutamente necesaria si una iglesia autónoma con líderes (ancianos, pastores, obispos) capacitados ha de plantarse (establecerse). Los Hechos 14:23 dice, *"Y constituyeron ancianos en cada iglesia..."*

El Señor Jesús seleccionó doce hombres para que fueren Sus discípulos. El enseñó y preparó a ellos para que continuaren con el ministerio después de Su ascensión. **El concentró Sus esfuerzos en esos doce hombres.** Si El hubiera invertido Su tiempo en preparar a solo uno – Judas – la misión de El hubiera terminado con Judas. El Señor enseñó a los once también. <u>**Es un error depositar todas nuestras esperanzas en solo un hombre.**</u>

Una nota personal: Tuvimos grandes esperanzas de que José Bonilla (nuestro primer convertido en San Miguel) llegara a servir como un líder en el ministerio en San Miguel, El Salvador, pero el Señor lo llevó a Su presencia a penas tres años después de su conversión. José se dedicó al Señor y a Su voluntad, y creció increíblemente durante esos tres años. José nos fue una bendición y de gran ayuda al poner el fundamento de lo que es ahora El Tabernáculo Bautista de San Miguel (antes era La Iglesia Bautista Central). Damos gracias a Dios por los **otros hombres jóvenes que Dios trajo al ministerio en esa época**, los que han sido los líderes durante los últimos 42 años — los que se han usado por el Señor para levantar y pastorear a docenas de iglesias autónomas hijas del Tabernáculo. Entre los de esa primera generación de obreros que Dios levantó en el Tabernáculo (La Iglesia Bautista Central) figuran, Omar Claros (Gotera) y su familia, Roberto Nieto y su familia (San Miguel), Víctor Quito y su familia (San Miguel), Israel Argueta y su familia (Usulután), José Saravia y esposa (New York, New York), etc. Hay muchos más que son discípulos de estos de la primera generación. Dios ha usado a todos grandemente, para Su gloria.

B. Como Plantar Iglesias Donde Hay Puerta Abierta Para Los Misioneros, Pero Donde, Prácticamente, Es Un Campo Con Corazones Cerrados.

El Evangelismo es el primer paso para plantar una nueva iglesia en esos lugares. Las condiciones en esos campos misioneros pueden requerir una forma o unos métodos de evangelismo diferentes.

Muchos saben que William Carey (el padre de obra misionera moderna), ni Adoriam Judson tuvieron resultados visibles durante los primeros años en el campo misionero. El Dr. Ron Bragg que trabajaba junto con el Dr. J.B. Godfrey, otro misionero con BIMI en el África, cuenta como pasaron cuatro años sirviendo en su campo de ministerio y eso sin ver ni un africano convertido. Después de cuatro años sin fruto visible él buscaba la manera de enviar su familia de regreso a los EE.UU. En la noche de un miércoles cuando él se sentía un fracaso, sintió que alguien tocaba la puerta. Al abrir la puerta encontró cuatro hombres africanos grandes. Uno de ellos le dijo, "Maestro, tenemos cuatro años de observar sus vidas como cristianos, y creemos que ya es hora de que aceptemos a Jesucristo." Esos cuatro hombres aceptaron a Cristo esa noche. **¡Aleluya! ¡Glorias a Dios!**

Desde ese momento **Los Bragg y Los Godfrey tuvieron ministerios misioneros muy fructíferos.** Gracias a Dios hubo miles de **conversiones y muchas iglesias establecidas – para la gloria del Señor Jesucristo.**

Hay una variedad de formas de evangelismo. Hay evangelismo "uno a uno". Hay evangelismo de "las masas" por medio de campañas. Hay evangelismo por medio de la literatura, la televisión, por la radio, de casa en casa, etc. Una **forma de evangelismo es llamada "agresiva".** Así se llama por que el ganador de almas busca testificar a todo el mundo, sea en la calle, en el autobús, en la tienda, de casa en casa, de puerta en puerta, etc. Esos ganadores de almas quizás ignoran los nombres y las circunstancias que viven las personas a quienes buscan testificar. Sin embargo ha habido buenos resultados en muchos lugares del mundo. En esas conversiones es evidente que el Espíritu Santo había obrado convicción en cuanto al pecado, que otra persona probablemente había sembrado semilla de la Palabra de Dios anteriormente y que hay personas que están dispuestas a creer en Cristo sin conocer personalmente el ganador de almas. Nuestra oración debe ser que el Señor nos ayude a todos nosotros ser más agresivos en cuanto a testificar a las personas, conociéndolas o no. Que El nos dé una compasión por las almas y un deseo ferviente por verlos recibir la vida eterna – recibir a Cristo (I Juan 5:10-13).

En algunos campos misioneros del mundo es más difícil lograr una audiencia con los habitantes. En la zona noroeste de los EE.UU., en algunas partes de Europa, Australia y en otros países del mundo es difícil encontrar gente que quiere escuchar el mensaje del Evangelio. Es muy difícil ganar personas en esas zonas por medio de testificarles una vez muy agresivamente. En esos lugares es más necesario "vivir delante de ellos la verdad del evangelio" y ganar su confianza antes de poder presentarles el evangelio hablado.

Santiago dice en Santiago 2:18, *"Pero alguno dirá: Tú tienes fe, y yo tengo obras. Muéstrame tu fe sin tus obras, y yo te mostraré mi fe por mis obras."*

En esos campos difíciles es importante que el cristiano viva una vida piadosa y "cristiana" delante de la gente y así ganar el derecho de hablarles del evangelio de Cristo. Es que nuestro vivir habla más fuerte que nuestras palabras. El mundo quiere ver como reaccionamos antes las pruebas, las dificultades, las tentaciones, las aflicciones, etc. Si uno no honra a Cristo con la vida, ¿Cómo ha de esperar que otros tengan el deseo de conocer a Cristo?

Hay que recordar que el evangelio (hablado o predicado) es el "poder de Dios para la salvación" (Romanos 1:16).

El misionero que sirve en un área difícil y espera ganar varias personas al Señor cada semana puede sentirse defraudado o desilusionado. Algunos obreros no tienen la paciencia para servir en esos lugares. Es sumamente importante que se establezca una *iglesia autónoma* que pueda continuar con un testimonio perpetuo para Cristo aun después de que se haya ido el misionero. No son muchos los misioneros o pastores dispuestos servir en esas zonas difíciles.

Algunas Sugerencias Para Desarrollar Amistades

El Señor Jesucristo fue conocido como "amigo de los pecadores." Lucas 7:34-35.

*"Vino el Hijo del Hombre, que come y bebe, y decís: Este es un hombre comilón y bebedor de vino, **amigo de publicanos y de pecadores.** Mas la sabiduría es justificada por todos sus hijos."*

El Señor pudo estar en las casas de los pecadores y gozar de una comida con ellos. Por asociarse con ellos El logró que le escucharan y pudo ganarlos para Sí. Sí, lo criticaron, pero El pudo asociarse con ellos sin comprometerse o participar en los pecados de ellos. Del Señor podemos aprender tres lecciones importantes.

- **El Señor "aceptó inmediatamente" a los individuos, sin excepción de personas.** Lo que le importaba a El era la persona. El los aceptaba como eran, y no como "El quería que fueren." No exigía que cambiaren antes de asociarse con ellos. Sin duda El pudo ver lo que llegarían a ser, pero no esperaba que fueren todo lo que El deseaba antes o para que El pudiera aceptarlos. A veces esperamos que los no- creyentes se porten como los creyentes, y que los descarriados (creyentes carnales) actúan como creyentes espirituales como requisito para la amistad con nosotros o para desarrollar una relación amistosa con ellos.
  - ❖ Haríamos bien en recordar nuestra condición de pecadores y tener siempre gratitud porque El nos amó y nos buscó "siendo aun nosotros pecadores (Romanos 5:8).
  - ❖ **Debemos comprender lo que un individuo "puede ser al conocer al Señor"** así como El vio en nosotros algo de valor también.
  - ❖ **Cristo murió para los inconversos** que conocemos, así como murió para nosotros, y El ha aceptado a ellos aunque incrédulos y a los nuevos creyentes, aunque carnales. Nosotros que nos consideramos "espirituales" no somos más dignos. Si somos algo, solo es por Su gracia.
  - ❖ **El Señor nos pone el ejemplo de amar incondicionalmente a todos.** Dios ama a todo el mundo a base de la obra "terminada de Cristo en la cruz del Calvario.
  - ❖ Hay una ilustración muy conmovedora de un soldado que llamó a su Madre para informarla que él iba a llegar a casa, pero que llegaría con él un soldado amigo suyo que había perdido un ojo, un brazo y una pierna en la guerra. El amigo necesitaba un lugar permanente donde vivir. La Madre del soldado dijo que estaría bien que el amigo estuviera por un tiempo corto, pero que, "Su condición física y sus necesidades causarían muchos problemas y que impediría que ellos llevaran una vida normal y placentera." El soldado colgó el teléfono al escuchar las palabras de su Madre – ella rechazaba al soldado lesionado. Unos días más tarde los señores recibieron noticia de la muerte de su hijo. El se había suicidado.

Cuando lograron ver el cadáver de su hijo, se dieron cuenta que fue él que había perdido el ojo, un brazo y una pierna. El "amor condicional" había destruido su hijo. ¿A cuántas personas condenamos porque no las podemos amar incondicionalmente?

❖ Hay riesgos asociados con esta forma de amor y evangelismo, pero el Espíritu Santo que mora en nosotros, nos puede guardar de esos peligros. Hay que tener la meta de ganar a los perdidos para Cristo siempre delante de nosotros. Solo si guardamos nuestro testimonio podemos ayudarlos.

Una ilustración: Cuando vivíamos en las cercanías de Guadalajara, Jalisco, México recibimos una invitación para almorzar con una de las familias de la colonia. Comentaron que todos los vecinos estarían presentes. Les dije a nuestros amigos que siempre tendríamos que llegar tarde por razón de asistir a los cultos de la iglesia donde servimos como misioneros. Mario dijo que nuestra tardanza no sería problema para ellos.

Cuando llegamos hubo varios vecinos presentes. Unos de ellos fumaban y la mayoría tomaban cerveza. Mario nos ofreció una botella de cerveza. Le dijimos que no tomábamos. **Algunos creyentes sienten la necesidad de exclamar ante tal oferta,** "¡No tomamos porque somos cristianos! ¡Los que toman son unos desgraciados perdidos!"

Tomamos una Coca Cola y gozamos de los auténticos tacos mejicanos.

Cuando ya listos para despedirnos, Mario dijo, "Invitamos a todos los vecinos pero algunos que se dicen ser cristianos como ustedes (no católicos) no aceptaron nuestra invitamos porque no querían asociarse con nosotros o nuestras costumbres pecaminosas. ¡MUCHAS GRACIAS POR LLEGAR!" Patricia, Timoteo (nuestro hijo) y su servidor aprovechamos la oportunidad de estar con ellos y demostrar el amor de Cristo, sin participar en sus actividades pecaminosas. Me da gusto seguir el ejemplo de Cristo y conocerme como "amigo de pecadores." Claro, nunca he tomado, ni he fumado y por lo tanto no me fue entonces ni es una tentación estar en ese ambiente. Reconozco que otros pueden tener dificultades con esa situación.

Hermanos, el Señor inspiró al Apóstol Pablo para que escribiera en I Corintios 5:9-11, *"Os he escrito por carta, que no os juntéis con los fornicarios; no absolutamente con los fornicarios de este mundo, o con los avaros, o con los ladrones, o con los idólatras; pues en tal caso os sería necesario salir del mundo. Más bien os escribí que no os juntéis con ninguno que, llamándose hermano, fuere fornicario, o avaro, o idolatra, o maldiciente, o borracho, o ladrón; con el tal ni aun comáis."*

El Señor distingue entre los pecadores del mundo, los no-creyentes, y los que practican los mismos pecados pero dicen ser "hermanos en Cristo." El Señor Jesús no quiere que nos separemos de los perdidos. Si nos separamos de ellos, ¿Cómo podemos testificar a ellos las buenas nuevas del Evangelio? La separación no es "del pecador, sino del pecado." Debemos buscar vivir piadosamente en este mundo, pero no "ser de este mundo" y participar en los pecados del mundo. **Si el ganador de almas no puede estar en ciertos ambientes sin caer en el pecado entonces él debe protegerse de esas tentaciones.**

La oración del Señor a Su Padre fue, *"Yo les he dado tu Palabra; y el mundo los aborreció, porque no son del mundo, como tampoco yo soy del mundo.* ***No ruego que los quites del mundo, sino que los guardes del mal. No son del mundo, como tampoco yo soy del mundo. Santifícalos en tu verdad; tu palabra es verdad.*** *Como tú me enviaste al mundo, así yo los he enviado al mundo.* Juan 17:14-18

Si no tenemos contacto con los perdidos, no los podemos ganar para Cristo. Sin embargo **hay que ejercer muchísimo cuidado y no permitir "piedra de tropiezo" delante de nosotros mismos o delante de nuestros hijos, los tiernos en Cristo, etc.** Prestemos atención a la admonición del Apóstol, *"Estad pues, firmes en la libertad con que Cristo nos hizo libres, y no estéis otra vez sujetos al yugo de esclavitud. ... solamente que no uséis la libertad como ocasión para la carne, sino servíos por amor los unos a los otros."* (Gálatas 5:1, 13) También Pablo dijo, *"No seáis tropiezo ni a judíos, ni a gentiles, ni a la iglesia de Dios."* (I Corintios 10:32)

¡Que haya el balance que debe haber para proteger el testimonio del ganador de almas y a la vez proclamar el Evangelio a los perdidos!

<u>**El SEÑOR sea glorificado.**</u> **Mario y Alicia aceptaron a Cristo como Salvador** antes de que saliéramos de México. Porque aceptamos la invitación

de ellos, ellos aceptaron nuestra invitación y asistieron a la iglesia con nosotros -- entonces aceptaron a Cristo.

- Debe haber una atracción para nosotros en cuanto a los inconversos. Estamos en el campo misionero con el propósito de ayudarlos a ellos. ¿Verdad? Como médicos espirituales vamos con la medicina del Evangelio. Sí no, perecen sin esperanza.
- El deseo de ganarlos para Cristo y la pasión que tenemos de edificarlos en el Señor, deben producir en nosotros el *compromiso de buscar una relación amistosa con ellos.* Debemos comprometernos con el Señor de la mies, si hemos de ser amigos verdaderos de los que necesitan a El cómo Salvador y Señor. En Proverbios 17:17 se nos dice, **"En todo tiempo ama el amigo, Y es como hermano en tiempo de angustia."** El misionero/plantador de iglesias se ha encargado con grandes responsabilidades, y también grandes oportunidades.
- El desarrollo de amistades se anima cuando haya integridad y sinceridad. Debemos ser verdaderos.
- Debemos considerar a otros como iguales. Con Dios no hay excepción de personas. No es para nosotros condenar a otros ni creernos superiores. **Nuestras responsabilidades son más importantes que nuestros derechos.** Gracias a Dios no recibimos lo que nosotros merecemos – el infierno.
- Hay que ser leales. Hay que creer lo mejor. Si hay un problema, vaya con el amigo. Hable con él o ella primero.

"El hombre que tiene amigos ha de mostrarse amigo; Y amigo hay más unido que un hermano. Proverbios 18:24

La Palabra de Dios nos relata que Jesús mostró y confirmó quien era El, y también la verdad de Sus palabras. Era su derecho hablar con la mujer Samaritana. En Juan 4:1-42 se nos dice como El pudo ganar la mujer. Jesús nos deja un ejemplo.

- Jesús fue al pozo porque sabía que estaría ella allí. El ministro que pasa su tiempo esperando que los incrédulos le busquen pasará sin poder hablar con mucha gente.
- Jesús no tuvo prejuicios. El pudo superar las barreras de cultura y raza que hubieran impedido la presentación de Su mensaje.
- El entendía que se encontraba en "el territorio de ella." En cierto sentido El era el forastero o extranjero.

- Se identificó con ella por pedir agua. Manifestó que era ser humano.
- El no la condenó, ni la habló con condescendencia. Sus palabras y Su vida eran piadosas y puras. **Fue el corazón de ella que la condenó.** Los perdidos y los creyentes carnales se confundan a veces pensando que el predicador es quien les condena, cuando en verdad es realmente la Palabra de Dios que los condena. Así obra la Palabra en todos nosotros.
- Jesús la aceptó así como era. Es necesario aceptar a la gente "como son" y no obligarles cambiar ni ser lo que nosotros deseamos, para que les aceptemos. ¿A cuantos amigos ganamos si decimos a ellos? "Tienes que dejar de pecar si vamos a ser amigos."
- La presencia y la gentileza de Jesús despertaron en ella el reconocimiento de su necesidad. También se despertó en ella el deseo de tener lo que El ofrecía – agua de vida.

Nosotros también debemos presentar la verdad del evangelio con amor y compasión para que sea "deseable" para los perdidos.

Habrá veces cuando la presentación del evangelio será mucho más fácil que "ganar la oportunidad de presentarlo." En todos los campos misioneros el mensaje del evangelio tiene que presentarse eficazmente si ha de establecerse una iglesia autónoma. El plantador de iglesias, el **evangelista o el ganador de almas tiene la obligación de reflejar la imagen de Cristo.** Es menester que el cristianismo bíblico sea una realidad en su vida diaria si él ha de tener la oportunidad de presentar el evangelio hablado. **El evangelio vivido abre la puerta para el evangelio hablado.**

La clave es "buscar amistades" con los no-creyentes.

Se me llena el corazón cuando pienso en la experiencia del Dr. Ron Bragg y su familia en el África. ¿Qué tal si hubieran salido del lugar de su ministerio unos días antes de la llegada de los cuatro hombres africanos a su casa? Los cuatro años fueron años sin fruto visible y muy duros, pero Dios usó el testimonio de ellos y su perseverancia para tener impacto en las vidas de los cuatro africanos. Esos hombres vieron en Ron y Donna Bragg algo verdadero y genuino – algo deseable y necesario – vieron a Cristo. No vaya a desanimarse porque sus esfuerzos no producen el fruto que otros tienen en los campos más "blancos" -- con su fruto en abundancia. No vaya a dejar el ministerio en el lugar en donde el Señor le ha puesto.

Unos Puntos Más:

El misionero que sirve en el campo medio cerrado o difícil debe recordarse de que una parte muy importante de la cosecha es **"el sembrar"**. Algunas veces nos toca sembrar la semilla para que otros después puedan segar o cosechar el fruto – una cosecha de muchas almas convertidas.

Fuimos para servir como misioneros en El Salvador en el año 1970. En una conversación con mi mentor, el Hermano Bruce Bell, se mencionó que alguien, quizás a gran precio, había sembrado fielmente la semilla del evangelio durante muchos años (I Corintios 3:5-8). Los cristianos bíblicos habían sufrido persecución a manos de los de la religión establecida. Ellos aguantaron y perseveraron en la predicación y el vivir del evangelio – en sembrar la preciosa semilla de las buenas nuevas de Cristo Jesús. Lograron establecer unas cuantas iglesias que predicaban y practicaban los principios bíblicos. Esos creyentes bíblicos pusieron un fundamento para los que venimos después. Prepararon el terreno espiritual para una cosecha abundante. Su amor por el Señor, y Su Palabra y el vivir de ellos abrieron el apetito espiritual de la gente. Al llegar nosotros, encontramos un ambiente propicio para la predicación de la Palabra.

Gracias a Dios por los que siembran la semilla, y que la riegan para que otros puedan segar. ¿Puede usted ser uno de los que siembra y riega?

Hay también la posibilidad de que la parte principal de la "cosecha" ya terminó en el campo donde usted sirve. **Puede ser que el Señor de la mies le ha enviado a usted para "espigar" los manojos.**

Un misionero compartió conmigo algo muy triste. Me dijo que después de terminarse la II Guerra Mundial y lograr la paz con Japón, el General Douglas MacArthur pidió que se enviaren 2500 misioneros a Japón. Era su opinión que había una puerta abierta para evangelizar a los japoneses. Muchos de los japoneses se quedaron desilusionados con su gobierno y el sistema de religión tradicional. Las experiencias trágicas pueden servir para ablandar el corazón de la gente. Tristemente, solo fueron unos cuantos misioneros. Ahora hay conversiones en Japón, pero son pocos comparados con la población total, y el ministerio es muy difícil.

Quizás la memoria de las atrocidades cometidos por los japoneses durante la guerra impidió a los americanos tener el deseo de enviar misioneros. Hay varios lugares en el mundo donde hay condiciones similares – corazones

CAPITULO SEIS: COMO PLANTAR UNA IGLESIA NUEVA AUTÓNOMA

duros y cerrados. De nuevo digo, "Sirva fiel en donde el Señor le ha puesto y aunque gane pocos, busque formar y establecer una iglesia local autónoma, recordando que Cristo es el Señor de la mies."

Otro punto importante es que debemos ganar esta generación de jóvenes. En muchos países hay un 50% de la población que son menores de 25 años de edad. **Hay que alcanzar a los niños y a los jóvenes para Cristo.** Algunas veces se alcancen los padres por medio de alcanzar a los hijos.

"Ninguno tenga en poco tu juventud, sino sé ejemplo de los creyentes en palabra, conducta, amor, espíritu, fe y pureza." I Timoteo 4:12

Según el Apóstol Pablo los jóvenes pueden ser ejemplos en cuanto a:

1. La Palabra – su hablar
2. La Conducta – su vivir
3. El Amor – su prioridad
4. El Espíritu – su control
5. La Fe – su creer
6. La Pureza – su moralidad

En La Republica Dominicana una familia misionera no lograba ganar a los adultos de su pueblo. Solo llegaban niños y jóvenes a los cultos. Al principio se desanimaron los misioneros pensando que no iban a poder tener una iglesia autónoma, pero luego se dieron cuenta que los niños iban creciendo y los jóvenes, poco a poco, se convertían en adultos. Ahora comprenden que:

- Los jóvenes y niños que se salvan y crecen en el ambiente de la iglesia no tienen un pasado vergonzoso y caracterizado por malas decisiones.
- Aunque toda persona al salvarse es una nueva criatura hay decisiones y pecados que traen consecuencias permanentes y limitaciones.
- No se han esclavizado a las drogas, el alcohol, el sexo ilícito, la amargura, etc.
- Generalmente no tienen creencias religiosas muy profundas y arraigadas.
- Según el escritor de Los Proverbios la mente de los jóvenes es como una "hoja limpia y vacía." No dice que la cabeza es vacía, sino la

mente. Se puede llenar "la mente" de los jóvenes con la verdad, la sabiduría, y la dirección bíblica.

Interesante: Un joven de 17 años me acusó hace muchos años de "lavarles el cerebro" a las gentes, pero él (Pastor Roberto Nieto) ahora tiene más de cuarenta años de ministrar la Palabra de Dios y ayudar a los jóvenes llenar la mente y el corazón con la verdad de la Palabra de Dios. Centenares han encontrado en Cristo y Su voluntad la vida abundante.

- Es más fácil para los jóvenes "creer" o tener fe.
- La juventud los permite servir sin las limitaciones físicas que tienen los mayores de edad.
- Los jóvenes son más idealistas. Muchas veces se preocupan más para otros, especialmente para los que tienen menos ventajas.
- No tienen la senda de su vida ya trazada. Pueden buscar más fácilmente dedicar sus vidas al Señor.

No hay que menospreciar a los niños y los jóvenes.

Como ya dije, "Todas las personas en su mundo son candidatos para la salvación." Gane a tantos como pueda.

CAPITULO SIETE

DESPUÉS DEL EVANGELISMO SIGUE LA ENSEÑANZA, EL HACER DISCÍPULOS

El segundo paso hacia plantar o establecer una iglesia nueva autónoma es el de "hacer discípulos." El Señor Jesús en Mateo 28:20 nos manda diciendo, *"...enseñándoles que guarden todas las cosas que os he mandado..."* Después del **evangelismo** sigue la **enseñanza.**

En el Nuevo Testamento tenemos preservada por la *inspiración* divina la *revelación* de las verdades que debemos enseñar a los nuevos creyentes. El Señor ha dado el Espíritu Santo para que El nos *ilumine* la mente y el corazón y así ayudarnos entender la verdad revelada. Es sumamente importante establecer desde el principio lo que hemos de enseñar – La Palabra de Dios.

*"Pero **Dios nos las reveló a nosotros por el Espíritu**; porque el Espíritu todo lo escudriña, aun lo profundo de Dios. Porque ¿Quién de los hombres sabe las cosas del hombre, sino el espíritu del hombre que está en él? Así tampoco nadie conoció las cosas de Dios, sino el Espíritu de Dios. Y nosotros no hemos recibido el espíritu del mundo, sino el Espíritu que proviene de Dios, **para que sepamos lo que Dios nos ha concedido,** lo cual también hablamos, no con palabras enseñadas por sabiduría humana, sino con las que enseña el espíritu, acomodando lo espiritual a lo espiritual. Pero el hombre natural (no-creyente) no percibe las cosas que son del Espíritu de Dios, porque para él son locura, y no las puede entender, porque se han de discernir espiritualmente."*
I Corintios 2:10-14

En este pasaje tenemos varias verdades fundamentales. La persona que va a "hacer discípulos" o en otras palabras él que va a enseñar al nuevo creyente, debe entender que:

- ♦ La persona **no-creyente** o no convertido al evangelio, es una persona **"natural"** que no puede entender las cosas de Dios (I Corintios 2:14). Estos individuos están muertos en sus pecados (Efesios 2:1) y carecen de la vida espiritual. En vano busca el hacedor de discípulos que entiendan y acepten las profundidades de la Palabra de Dios. Los perdidos pueden, con la ayuda del Espíritu Santo, entender las verdades básicas y sencillas del evangelio (I Corintios 15:1-4, Juan 16:8-13), pero no mucho mas. Sí no creen esas verdades y no se convierten, no podemos esperar que entiendan "lo que Él nos ha mandado."

"Y cuando El venga, convencerá al mundo de pecado, de justicia y de juicio. De pecado, por cuanto no creen en mí; de justicia, por cuanto voy al Padre, y no me veréis más; y de juicio, por cuanto el príncipe de este mundo ha sido ya juzgado. Juan 16:8-11

No podemos ganar (evangelizar) a los perdidos si no obra el Espíritu Santo en sus corazones. Sí El no los convence de su necesidad de Cristo, no se salvarán.

- El mensaje **del evangelio es la Palabra** inspirada de Dios, pero también las palabras del Nuevo Testamento – "todo lo que El nos ha mandado." Hemos de **enseñar todo el consejo de Dios** como lo hallamos en La Biblia. No hacemos discípulos por enseñar las tradiciones de los hombres (Marcos 7:7-9), sino solamente por enseñar el mandamiento de Dios. Es la Palabra de Dios que tiene el poder de Dios para salvar (Romanos 1:16) y para transformarnos (Romanos 12:2, 8:29) para que seamos hechos conformes a Su imagen.
- **Es el Espíritu Santo que ilumina o abre el entendimiento** de los hombres para que sepan lo que Dios les ha concedido – lo que Dios nos ha provisto en Cristo y el Espíritu Santo.

¡Hermanos, sin el Espíritu Santo y Su ministerio en el corazón del nuevo creyente, no podemos hacer discípulos! **Solo el Espíritu de Dios puede obrar en el corazón del creyente la comprensión de la voluntad de Dios y las convicciones bíblicas que son necesarias para la transformación de su vida;** para que sea la clase de persona necesaria para que haya una iglesia autónoma.

¿Ha reconocido que el "hacer discípulos" es un imperativo? Algunas veces damos la impresión de que la palabra "id" es un imperativo, cuando en verde la palabra es un participio. La palabra tiene el significado de: "estar yendo." La palabra que es "imperativo" es la palabra "haced." Tomando en cuenta esto,

CAPITULO SIETE: DESPUÉS DEL EVANGELISMO SIGUE LA ENSEÑANZA, EL HACER DISCÍPULOS

debemos comprender que el Señor básicamente dice, "A la vez que van (yendo) hay que ganar almas. **Haced** de los que ganan, mis discípulos."

No se equivoque, el Señor nos manda buscar la salvación de las almas, pero también con énfasis nos manda hacer discípulos. **La Gran Comisión** no es solamente una recomendación o sugerencia, **es un mandamiento. Todos los cristianos debemos buscar la conversión de los perdidos, y eso como una parte normal, integral de nuestra vida diaria.**

Es la responsabilidad de cada creyente ser un testigo para Cristo (Hechos 1:8). Debemos buscar ganar las personas para Cristo, en nuestra vecindad, en nuestra escuela, donde trabajamos, en el súper, la tienda, la gasolinera, en el campo deportista, entre los de nuestra familia, nuestros amigos y conocidos, etc.

Primero, el misionero/plantador de iglesias debe esforzarse constantemente para formar amistades y desarrollar relaciones con el propósito de tener puertas abiertas para presentar el evangelio de Cristo – puertas abiertas para evangelizar.

Segundo, el misionero debe buscar que los nuevos creyentes en la nueva iglesia sean "cristianos responsables." Esa "responsabilidad" solo se logra por medio de hacer discípulos – por medio de la enseñanza de la Palabra de Dios.

La definición de la palabra **"responsabilidad."**

Según el diccionario la palabra "responsabilidad" significa ser responsable. Tiene que ver con: **a.** dar cuentas morales, legales, mentales y aun económicas **b.** ser digno de confianza **c.** tener la obligación de atender a algo. Una persona responsable es alguien que da cuentas en cuanto a sus acciones o conducta, y sus obligaciones; Es uno que puede escoger por si solo entre lo correcto y lo no correcto; unos que se ha sujetado a la autoridad, o que tiene autoridad delegada y otorgada.

Sugiero que el misionero debe enseñar a sus discípulos ser "responsables" por la voluntad de Dios, tanto para su vida como para la iglesia. No puede establecerse una iglesia neo-testamentaria, autónoma si no hay miembros y líderes **responsables**.

Los miembros, y especialmente los líderes de una iglesia autónoma tienen que ser responsables en cuanto a:

1. Su relación con el Señor, Su Palabra, Su voluntad, la oración, etc.
2. La llenura y el control del Espíritu Santo.
3. La defensa de la Palabra, la predicación, la enseñanza y la práctica de la Palabra de Dios, etc.
4. El ministerio de la iglesia, el evangelismo, el hacer discípulos, los cultos, misiones, y las otras actividades de la congregación.
5. Proteger la iglesia en cuanto a las "asociaciones", y también en lo relacionado con la dirección de la iglesia, la pureza de la iglesia, etc.

Otros asuntos pueden añadirse a esta lista, pero podemos comenzar con estos.

Cuanto más temprano comienza el misionero a enseñar a los nuevos creyentes mejor, y más pronto comienza él a plantar una iglesia autónoma. **Hay que hacer los preparativos de ante mano para las clases de discipulado.** Los que se ganan en su hogar u otro lugar que no sea el local de la iglesia, deben animarse a anunciar públicamente en la iglesia su aceptación de Cristo como Salvador. Claro, el bautismo bíblico es un testimonio público también. Que llegue muy pronto el tiempo cuando el misionero pueda designar a un miembro de la iglesia para hacer el discipulado con el creyente nuevo, aun inmediatamente después de la invitación y su decisión de aceptar a Cristo. Algunas veces conviene hacer el discipulado, por lo menos unas cuantas lecciones, en el hogar u otro lugar donde el nuevo creyente se siente más dispuesto.

Hombres deben hacer el discipulado con hombres y mujeres con mujeres. **Protege su testimonio** y él de los miembros que hacen el discipulado.

En el principio de la nueva obra puede ser que el misionero y su esposa sean los únicos preparados para enseñar las lecciones del discipulado. **Será necesario preparar a los miembros para que ellos ayuden hacer el discipulado.**

Lo ideal sería que el hombre de la familia se ganara primero y que él estudiara para poder dar las lecciones del discipulado a su esposa y ellos juntos a sus hijos.

La esposa del misionero puede ser una bendición grande en el ministerio, pero sabio es el pastor o misionero que cuida a su esposa, y no permite que ella esté sobre cargada de tareas y responsabilidades. Probablemente lleva ella la

CAPITULO SIETE: DESPUÉS DEL EVANGELISMO SIGUE LA ENSEÑANZA, EL HACER DISCÍPULOS

responsabilidad del hogar como madre, etc. Que decida ella lo que es una responsabilidad razonable. Una regla que nos ha servido a nosotros es que **no espero que mi esposa lleve más responsabilidades que cualquiera otra mujer de la iglesia.** Porque mi esposa ama al Señor y a la gente, yo sé que va a querer siempre involucrarse. Sin embargo ella sabe que la voy a proteger.

Alguien pregunta, "¿Qué tiene que ver esta plática con plantar una iglesia?" Me alegra que haya preguntado. ☺ Hay cantidad de cosillas que pueden afectar negativamente el principio de una iglesia nueva. El hecho de **que haya una relación bíblica entre el pastor/misionero y su esposa puede ser uno de los elementos más valiosos de su ministerio.** Los nuevos creyentes pueden aprender mucho de ellos – del ejemplo de un matrimonio piadoso. La fortaleza de una iglesia nueva muchas veces es relativa y depende mucho de los matrimonios, como punto fuerte. **Familias piadosas y fuertes en el Señor contribuyen a que haya una iglesia fuerte, autónoma.**

Cierto pastor hispano organizo un retiro para parejas. Llegaron varios pastores y sus esposas. En el camino del aeropuerto hasta el lugar del retiro el pastor organizador dijo a los predicadores invitados muy directamente que él esperaba que predicaren fuertemente a las esposas, especialmente a las esposas de los pastores jóvenes. Era su opinión que esas esposas descarriadas, que no apoyaban a sus maridos, impedían y servían de obstáculos para sus maridos. "Dios no puede bendecir," dijo él. "Dígales que se arrepientan," amonestó él. "Ellas deben ayudar a sus esposos," añadió. No les gustó a esos hombres que él los dijera que predicar. No les gustó que él hubiera criticado a esas mujeres piadosas.

Siguiendo la dirección del Señor, predicaron, "Maridos, amen a sus esposas." El líder de la conferencias quería que se predicara, "Esposas obedezcan a sus maridos." Después de cada mensaje él daría su explicación del mensaje y de lo que él quería que ellas aprendieran. Finalmente, él dijo, "Vamos a dar lugar para que testifiquen las esposas." El pasó varios minutos esperando que una u otra hermana se pusiera de pie. Ninguna respondió. Ninguna dijo ni una palabra. El insistía, "Ahora es su oportunidad testificar y decir lo que hay en su corazón." No se supo lo que él esperaba pero ninguna iba a decir nada. Todo el mundo, incluyendo a los hombres, se sentía incomodo. Finalmente la esposa del líder de la conferencia se puso de pie. "No creo que mi esposo me ama. Si un miembro de la iglesia llama a media noche con un problema pequeño, ahí va él para ayudarlos. No tarda nada en ir en su misión de socorro. En contraste, yo no logro que haga para mí, en la casa, lo que él con gusto hace para los miembros. Yo le pido que haga una cosa sencilla para mi, y nada. Yo creo que él ama más a los miembros que a mí.

El líder de la conferencia quiso esconderse. Si hubiera habido un hoyo en el piso, ahí se hubiera metido. Pero no hubo. Salió a la luz del sol la verdad. La señora decía, "Hombres, amen a sus esposas como Cristo dice y ellas les seguirán, los honrarán y serán de gran ayuda." Esa mujer había servido al lado de su marido durante muchos años y ella había sacrificado mucho para el bien de la obra, pero ella sentía en su corazón que él marido no la amaba. **Los nuevos creyentes necesitan ver Efesios 5:21-28 puesto en práctica.** Lamentablemente esa pareja no siguió en el ministerio.

El Hacer Discípulo

Todo el mundo acepta que un recién convertido estudie las lecciones bíblicas básicas del discipulado, pero hay personas ya salvas que llegan de otras iglesias y ellos pueden resistir y rechazar la idea de estudiar las lecciones. "Ya tengo años de conocer al Señor, y por lo tanto no me hace falta estudiar estas lecciones," dicen. Estimado misionero, se dará cuenta muy luego que hay muchos creyentes que tienen años de conocer al Señor que no han crecido y que no tienen convicciones bíblicas, ni la madurez espiritual – porque nunca han estudiado la Palabra de Dios. (Hebreos 5:12- 6:2)

Todos los miembros deben estudiar y cumplir las lecciones del discipulado. Conviene tener esto como requisito para todos los miembros de la iglesia, especialmente si desean servir en la iglesia. Si todos los miembros han cumplido el estudio de las lecciones del discipulado, sabrán mejor enseñar a otros, tendrán conocimiento de la posición doctrinal de la iglesia y estarán mejor preparados para la obra del ministerio (Efesios 4:12). Habrá mayor posibilidad que sean creyentes de madurez espiritual (Efesios 4:13-16). En el versículo 17 de este capítulo el Apóstol Pablo dice, *"Esto, pues, digo y requiero en el Señor: que ya no andéis como los otros gentiles, que andan en la vanidad de su mente…"*

La persona que tiene conocimiento de la doctrina bíblica no tendrá problema con repasar la doctrina enseñada en el discipulado. **La unidad en la congregación será el resultado de tener la misma doctrina.** Los Apóstoles vieron la necesidad de que todos los miembros tuvieran la misma doctrina (Romanos 16:17).

CAPITULO SIETE: DESPUÉS DEL EVANGELISMO SIGUE LA ENSEÑANZA, EL HACER DISCÍPULOS

"Si alguno viene a vosotros, y no trae esta doctrina, no lo recibáis en casa, ni le digáis: ¡Bienvenido!" II Juan 10

Tenga cuidado hermano misionero de "hacer excepciones" (I Pedro 1:17). Los pasos en falso siempre llevan a una caída.

Nuestra predicación debe ocuparse con la buena enseñanza de la Escritura (II Timoteo 4:1-2, 3:16-17). <u>Debemos predicar para informar y también para motivar.</u> La enseñanza también debe informar y motivar al estudiante a que viva para el Señor. Algunos misioneros dicen, "Prefiero que la personas estén presentes para todos mis mensajes, porque así van a aprender todo lo que necesitan saber." Ciertamente es sumamente importante que los creyentes estén presentes en todos los cultos de adoración y predicación de la iglesia (Hebreos 10:25), pero el ministerio de hacer discípulos supla una necesidad. Consideremos esto:

- El predicador, en el tiempo designado para la predicación, no dispone de tiempo suficiente para buscar todos los pasajes relacionados con su tema, ni para explicar con detalles los varios puntos. Muchas veces se dice, "La Biblia enseña tal y tal y aunque no tenemos tiempo en este momento para estudiarlo a fondo, ustedes pueden creerme que así es."
- El misionero/plantador de iglesias debe "tomar tiempo" para tocar los temas en detalle y poner el fundamento bíblico para la nueva iglesia – La Biblia es la única base de nuestra fe y practica. ¡Verdad que si!
- Cuando se enseña la Palabra de Dios en el contexto del "discipulado" hay tiempo y lugar para dar toda la enseñanza bíblica sobre el tema. No enseñemos las lecciones con el único propósito de "completar el estudio" sino para que el nuevo creyente pueda comprender la verdad bíblica y el impacto que puede tener en su vida.
- ¿Cuántas veces hemos escuchado al predicador decir algo en su mensaje que no entendemos? No podemos alzar la mano en la iglesia y preguntar, "Pastor, ¿Qué significa esto?" En contraste, en el contexto del discipulado podemos buscar contestar todas las preguntas que se presentan. A veces el nuevo creyente tiene preguntas pero le da vergüenza hacerlas delante de los demás hermanos. El maestro puede ayudar al nuevo creyente encontrar una respuesta bíblica para sus preguntas.
- El nuevo creyente puede expresar sus dudas, temores y falta de entendimiento sin temor de ser reprochado.

- El predicador no debe nunca predicar un mensaje teniendo a una sola persona y su necesidad en mente. Algunos tienen la tentación de solucionar los problemas de uno u otro oyente desde el pulpito.
- Los mensajes desde el pulpito se dirigen a toda la congregación. En el discipulado la enseñanza y la atención se dirige al individuo.

La meta es "hacer discípulos para Cristo" no solo tratar los varios temas. Hermanos misioneros, será maravilloso tener un núcleo de creyentes que saben lo que creen y porque lo creen – porque usted tomó tiempo para enseñarles.

En Hebreos 5:11-14 hay una advertencia de las consecuencias que hay cuando los creyentes no tienen un fundamento doctrinal firme sobre el cual edificar su vida cristiana.

"Acerca de esto tenemos mucho que decir, y difícil de explicar, por cuanto os habéis hecho tardos para oír. Porque debiendo ser ya maestros, después de tanto tiempo, tenéis necesidad de que se os vuelva a enseñar cuáles son los primeros rudimentos de las palabras de Dios; y habéis llegado a ser tales que tenéis necesidad de leche, y no de alimento sólido."

Todos los cristianos necesitan un fundamento doctrinal firme sobre el cual edificar su vida. Es un hecho que los creyentes no llegan a ser fieles y responsables, ni contribuyen a la estabilidad de la iglesia local si carece de ese fundamento doctrinal. Es cierto que habrá cristianos carnales, inmaduros y faltantes aun en las iglesias que ejercen un ministerio de discipulado, pero habrá menos, Dios mediante. La iglesia autónoma es una donde la congregación entiende los "primeros rudimentos de la Palabra de Dios."

El escritor inspirado del libro a Los Hebreos en 6:1-2 menciona algunas de las doctrinas principales que sirven de ladrillos de fundamento para la vida cristiana.

"Por tanto, dejando ya los rudimentos de la doctrina de Cristo, vamos adelante a la perfección (madurez); no echando otra vez el fundamento del arrepentimiento de obras muertas, de la fe en Dios, de la doctrina de bautismos, de la imposición de manos, de la resurrección de los muertos y del juicio eterno."

CAPITULO SIETE: DESPUÉS DEL EVANGELISMO SIGUE LA ENSEÑANZA, EL HACER DISCÍPULOS

Materiales o lecciones para "hacer discípulos.

La Biblia como libro de texto o manual es principal. El misionero puede hallar buenos materiales si los busca. Hay buenas lecciones que se producen por casas de publicación de iglesias bautistas fundamentales, independientes.

- Busque materiales bíblicos y de sana doctrina.
- Busque materiales de una casa de publicación bautista fundamental.
- Busque materiales que usen la versión bíblica que usted decide usar.
- Busque materiales que suplen la necesidad según la edad, la educación, la cultura, etc. del individuo.
- Los materiales deben cubrir todas las doctrinas principales comenzando con la doctrina de la salvación, la Biblia, etc., y concluyendo quizás con el estudio de las cosas por venir.
- Seguir un plan de estudio no es anti-bíblico.
- Después de un tiempo los pastores/líderes de una iglesia pueden formular un ministerio de discipulado y producir los materiales.

Hay que preparar unos miembros específicos para que hagan el discipulado.

Es muy probable que salgan de este grupo de maestros los líderes futuros de la nueva iglesia. A la vez que ellos desarrollan una relación estrecha con usted y el Señor, pueden ir desarrollando la clase de **responsabilidad** que será necesaria para los líderes de la iglesia. El Señor puede obrar en ellos para que vean las verdades que han estudiado y también enseñado como **convicciones que hay que vivir diariamente.**

Es muy importante entrenar a **varios individuos** y no solo uno o dos. Es un error muy grave invertir su tiempo y esfuerzos en un solo individuo con la esperanza de que llegue a ser "el líder" de la nueva iglesia. El Apóstol Pablo y el equipo de misioneros, *"... constituyeron ancianos en cada iglesia..."* (Hechos 14:23).

El pastor o misionero que invierte tiempo cada día en "hacer discípulos" tendrá la bendición de ver a vidas, a matrimonios, a familias y aun a la Iglesia transformados para el bien de la gente y para la gloria de Cristo. El contacto personal diario con los discípulos puede producir crecimiento y fortaleza en las personas.

Hay que recordar siempre, que el hacer discípulos es:

- Mandamiento de Cristo, nuestro Señor (Mateo 28:18-20).
- Necesario para preparar los creyentes para ser miembros de la nueva iglesia autónoma.
- Una prueba y confirmación de la sinceridad del nuevo creyente. El discípulo nuevo debe aprender de memoria los varios versículos asignados y leer los pasajes relacionados con las lecciones.
- Algo que requiere paciencia y que es una buena costumbre asegurarse de que el discípulo pueda demostrar comprensión y aceptación de las verdades estudiadas antes de seguir con otra lección.
- La oportunidad de enseñar pero también saber si el nuevo creyente tiene corazón sincero y abierto a la verdad de la Escritura. Si el discípulo dice, "No acepto esta enseñanza," entonces el maestro tiene que tomar una decisión de "seguir o no seguir." Esta situación puede compartirse con el pastor/misionero y la decisión de seguir con las lecciones o no, se toma entre varios. Si la decisión es de no seguir, hay que:
  - Explicar al estudiante por qué y las consecuencias.
  - Orar fervientemente por él o ella.
  - Seguir como hermano y amigo de ellos.
  - Dar lugar para que el Espíritu Santo pueda obrar en su corazón. El o ella puede convencerse todavía.
  - Enfatizar que él o ella es siempre bienvenido en la iglesia
  - Tratarlos con respeto y "dejar la puerta abierta para mas discipulado en el futuro."
  - Amar sinceramente al individuo.

Cuando el ministerio de "hacer discípulos" se ha desarrollado suficientemente, se puede nombrar a un hombre y una mujer para que estén encargados – para que sean los supervisores del ministerio del discipulado.

Esta responsabilidad puede servir de preparación para otras responsabilidades.

- Es absolutamente menester **que entiendan lo que se espera de ellos.**
- Hay que definir por escrito las responsabilidades, **las metas,** los medios, etc.
- Debe haber provisión para que den **cuentas al pastor** o misionero.

CAPITULO SIETE: DESPUÉS DEL EVANGELISMO SIGUE LA ENSEÑANZA, EL HACER DISCÍPULOS

- Hay que llevar **controles** (libros, documentos, etc.) para poder reconocer cuando haya éxito.
- Cuando haya problemas, el pastor debe tratar el asunto con respeto y con el propósito de "seguir enseñando a todo los involucrados (maestro, discípulo, supervisor, etc.)." No hay que corregir a una persona delante de otros.
- Los maestros y los supervisores deben tener la confianza con el misionero/pastor para discutir cualquier situación, sin temor de ser regañado.

Al enseñar a alguien para hacer discípulos, hay que enseñarles lo que hay que enseñar, pero también "<u>como enseñar</u>."

Este aspecto del ministerio es muy importante. El misionero debe ofrecer clases sobre "Como Enseñar" a los hacedores de discípulos, a los maestros de estudios bíblicos, a los maestros de la escuela dominical (si hay), a los que van a entrenar ganadores de almas, etc. Hay un libro, *Las Siete Leyes de La Enseñanza*, que puede servir para este propósito. Este libro escrito por J.M. Gregory en 1884 y traducido al español por Alfredo S. Rodríguez y García en 1925 es un clásico. Vale conseguir una copia para su biblioteca. Hay copias disponibles para los Kindle y también para los I-Pad.

Dichoso el misionero/plantador de iglesias que cuenta con "maestros" en su congregación. Quizás haya maestros de primaria, secundaria o de materias de niveles más altas que pueden ayudar al pastor/misionero con estas enseñanzas. El Señor ha dado diferentes dones a diferentes personas. **Hay que permitir a miembros fieles, sinceros, y piadosos que tienen dones, usarlos para el bien de la iglesia y la gloria del Señor**. El pastor puede proveer la instrucción en cuanto a lo espiritual pero, ¿Por qué no aprovechar y dar lugar para que sirvan a Cristo y a Su iglesia, los que tienen talentos y dones?

Tome nota: Sabio el misionero que se da cuenta que él no tiene que "saber todo, ni hacer todo". Dios quiere usar a todos los miembros de la congregación para hacer el ministerio.

Las clases que se enseñan, o sean las de preparar ganadores de almas, las para hacedores del discipulado o las clases para entrenar maestros, todas, ofrecen oportunidades para que el misionero enseñe una "actitud correcta en cuanto a dar cuentas." Todos nosotros debemos dar cuentas al Señor (Mateo 28:18). Los misioneros damos cuentas a las iglesias que nos envían y a las que nos apoyan económicamente y con sus oraciones. Los pastores dan cuentas al Señor y a la iglesia que pastorean -- los alumnos a los maestros, los esposos dan cuentas (Efesios 5:21), los niños a los padres (Efesios 6:1-2), aun los gobernantes al pueblo, etc.

Debemos dar cuentas para:

- ❖ Nuestro vivir diario – la oración, la lectura bíblica, los tiempos devocionales, la pureza, el aprendizaje de versículos bíblicos, nuestro testimonio personal, la mayordomía, etc.
- ❖ Las responsabilidades en el ministerio, los materiales, etc.

Hay que asegurarse de que el tiempo de "hacer discípulos" no se convierte en tiempo de contar chismes.

Anime a los nuevos creyentes comprar una Biblia de estudio, un diccionario bíblico, una concordancia, un cuaderno para apuntar preguntas, lecciones, definiciones, nombres de personas por qué orar, victorias, etc.

Estos materiales pueden darse como "recompensas" cuando el nuevo creyente ha logrado algo (al cumplir las lecciones del discipulado, etc.). Tenga estos materiales y otros buenos materiales disponibles en la oficina de la iglesia o si hay miembros de la iglesia que los tiene en su tienda o comercio mejor. Se pueden vender con descuento pero es mejor no "regalar todo" a los hermanos. Todos apreciamos más lo que nos ha costado algo. Según Mateo 6:21 el Señor dijo, *"Porque donde esté vuestro tesoro, allí estará también vuestro corazón."*

Hay que enseñar a los nuevos creyentes buscar en la Biblia y en otros materiales buenos, las respuestas para las preguntas que pueden tener. Sí pueden, y deben, preguntar al pastor o misionero o su maestro, pero es importante que sepan además como usar la Biblia y que permitan al Espíritu Santo guiarlos. También debe haber advertencias en cuanto a materiales no sanas doctrinalmente.

Los miembros deben ver el discipulado como un requisito natural y normal para todos los que quieren servir. Todos los que desean servir en la iglesia en alguna capacidad oficial deben cumplir el discipulado, sean pastores, pastores de jóvenes o de ancianos, etc., los que sirven en el departamento de cuna, los que cantan, los consejeros, los maestros, --- **todos.**

CAPITULO SIETE: DESPUÉS DEL EVANGELISMO SIGUE LA ENSEÑANZA, EL HACER DISCÍPULOS

Hay que ayudar a los supervisores organizar y celebrar reuniones regulares con los que dan el discipulado. Hasta donde sea posible deje que el supervisor dirija la reunión. Tenga cuidado de no corregirles delante de otros. Ellos deben aprender esta regla también. La meta es tener una iglesia que es **capaz de gobernarse bíblicamente porque tiene líderes capacitados** – líderes que Dios ha preparado con la ayuda de usted.

Que haya un tiempo "definido o designado" cada semana. Cada persona que recibe la enseñanza del discipulado debe, con la dirección del maestro, designar un tiempo para seguir las clases. Algunas personas reciben sus clases antes o después de los cultos de la iglesia. Otras personas prefieren estudiar a medio día, o en la noche. Lo importante es que haya un tiempo determinado.

Las clases deben darse en un lugar sin distracciones. Un taller ruidoso, una casa donde hay dos o tres niños gritando, o un centro de comercio, no se prestan para las clases. El alumno necesita concentrar su atención en la lección.

Los maestros deben comportarse con respeto, formalidad, y en cierta medida como profesionales. Son embajadores de Cristo, y representantes de Su iglesia y el ministerio. Pablo dijo en Romanos 11:13, *"…Por cuanto yo soy apóstol a los gentiles, <u>honro</u> mi ministerio…"* Hermano, ¡Honre su ministerio!

El maestro debe mantener orden y no permitir al nuevo discípulo "desviarse" del tema de la lección. Hay que estudiar cada lección en su orden. En otra ocasión pueden "cazar conejos."

Los maestros deben ser honestos cuando no saben contestar una pregunta valida. No es ningún crimen no poder contestar toda pregunta que se nos puede hacer. No hay que irritarnos o enojarnos si no podemos contestar. A veces tenemos que prometer buscar la respuesta para la próxima sesión. También podemos guiar al alumno a buscar la respuesta. La Biblia dice:

"Las cosas secretas pertenecen a Jehová nuestro Dios; mas las reveladas son para nosotros y para nuestros hijos para siempre, para que cumplamos todas la palabras de esta ley." Deuteronomio 29:29

No vamos a poder saber todo en este mundo porque Dios no nos ha revelado ciertas cosas. El ha revelado lo que El quiere que sepamos, y somos responsables por esas cosas para cumplirlas. ¡Ocúpese con lo que sabe y no se preocupe por lo que El no nos ha dicho o explicado!

Una clase de discipulado puede seguir así:

1. Que comience puntualmente a la hora designada.
2. Tome tiempo para saludar al alumno.
3. Comience con una oración. Que el alumno ore porque el Espíritu Santo le ayude comprender la lección.
4. Explique el propósito y el tema de la lección.
5. Abra la Biblia. Busque los pasajes mencionados en la lección. Tenga cuidado de no avergonzar al alumno si él o ella no saben leer o si no saben manejar la Biblia (hallar y abrir a los versículos estudiados).
6. Si el alumno tiene libreta para apuntes, que él o ella anote cosas importantes. Si hay espacios en los apuntes, que apunte las palabras correctas. No de la respuesta al alumno. Ayúdelo encontrar las respuestas. **Es imperativo que el alumno aprenda hallar las verdades bíblicas sin la ayuda de otro.**
7. Hay que cubrir la materia para la clase si es posible, pero no avance tanto que el alumno no comprenda la enseñanza.
8. Termine la clase a la hora indicada.
9. Asegúrese que el alumno entienda las tareas (versículos que memorizar, pasajes que leer, etc.).
10. Anime al alumno estar en los cultos de la iglesia, que invite amigos y familiares, etc.
11. Al terminar la clase, siga su camino.

Los mensajes que usted predica en los cultos de la iglesia deben confirmar el mensaje y las verdades que usted ha dado al evangelizar a los perdidos, al hacer discípulos, al entrenar ganadores de almas, y al entrenar los que van a ayudarle con hacer discípulos, y principalmente las verdades que usted ha enseñado en las clases de discipulado.

El hacer discípulos es ministerio clave si una iglesia autónoma ha de establecerse.
No tarde mucho en iniciar este ministerio. Algunos misioneros esperan hasta unos cuantos meses antes de salir para otro ministerio para iniciar el ministerio de hacer discípulos. No se puede establecer una iglesia autónoma que se gobierna y que es responsable así. Preparar líderes responsables requiere tiempo. A veces el misionero no revela con

CAPITULO SIETE: DESPUÉS DEL EVANGELISMO SIGUE LA ENSEÑANZA, EL HACER DISCÍPULOS

tiempo su plan de moverse a otro lugar y espera hasta estar ya por salir para decir a la iglesia que se va. No son situaciones muy sabias.

Mejor no esperar mucho para compartir con la gente la meta de establecer una iglesia que puede estar firme en el ministerio del Señor y que puede seguir bajo el liderazgo que Dios ha levantado – sin el misionero, sí es que se va. **¡Haga evangelismo y haga discípulos!**

IGLESIAS AUTONOMAS

CAPITULO OCHO

LA PREPARACIÓN PARA LA ORGANIZACIÓN FORMAL DE LA IGLESIA NUEVA

Los Documentos de La Iglesia.

Tenga a la mano los documentos que servirán para definir la organización de la iglesia, su doctrina, su propósito, y su práctica. Entre estos documentos puede haber **La Constitución de La Iglesia, Los Artículos de Fe** y **El Pacto de La Iglesia, etc...** Hay ejemplos o muestras de estos documentos en los apéndices de este libro o puede ser que usted prefiere usar los documentos de la iglesia que le ha enviado.

Algunos pastores y misioneros creen que tener una constitución impide a la iglesia tomar decisiones espontaneas siguiendo la dirección del Espíritu Santo. Seguramente queremos seguirle a El y los dictámenes de La Palabra de Dios. Estos documentos sirven para que haya orden y en algunos casos para impedir que se toman decisiones emocionales y dudosas. Ha habido otras ocasiones cuando la salida de un pastor autoritativo ha creado un vacío de liderazgo bíblico en una iglesia local. El misionero, su pastor y la iglesia que le ha enviado tendrán que tomar la decisión según sus convicciones y según las leyes del país.

En los países latinos, generalmente, hay necesidad de conseguir la "Personería Jurídica" que se base en los documentos mencionados arriba, para poder matricular la Iglesia y sus propiedades con el gobierno. Sin esta provisión los bienes tienen que depositarse en los nombres de varios individuos.

El misionero debe hacer su trabajo consciente del hecho de que él es obrero provisional. Esta es la situación normal, pero no necesariamente fija. La autoridad final de la iglesia debe ser la Palabra de Dios. La congregación toma decisiones siguiendo la Palabra de Dios, pero además tiene la obligación de hacer las cosas ordenadamente de acuerdo con las leyes del gobierno local (Romanos 13:1-7; Mateo 18:18).

Una constitución y un reglamento de fe pueden servir como un "constante" en un mundo que cambia constantemente. Los pastores y otros líderes de las iglesias "vienen y van" pero estos documentos son útiles para preservar el ministerio establecido por el Señor, la iglesia madre y el misionero.

La Organización de La Iglesia Nueva – El Culto Oficial.

Después de poner el fundamento para la nueva iglesia por medio del evangelismo y el hacer discípulos, y tener un núcleo de personas creyentes, puede uno comenzar a hacer planes para organizar los hermanos en una iglesia local. Para organizar una nueva iglesia debe haber un número regular de adultos creyentes, bautizados, que, habiendo cumplido el discipulado tienen la misma doctrina y propósito. La Biblia no da un número específico para que una iglesia pueda organizarse, pero es razonable pensar que debe haber varios. En algunos casos se han organizado con solo quince, y en otros con treinta o cuarenta. El número es importante pero el carácter cristiano, la madurez espiritual, y la fe de los que van a formar la nueva congregación es también de suma importancia.

Es sumamente importante que los que van a ser miembros de la nueva iglesia entiendan el significado del culto de organización. Deben comprender *que es* el culto de organización y *por qué* tenerlo. Será ventajoso si todos los nuevos miembros hayan cumplido el curso de discipulado. Ellos tendrán mejor comprensión del significado de la actividad de organización de la iglesia.

El culto de organización se celebra a veces después de unos tres o cuatro meses y otras veces después de un año de haber comenzado las actividades de la nueva iglesia. Hay que orar y comenzar a hacer planes. Se pueden invitar otras congregaciones, otros pastores y misioneros y cuando es posible invitar el pastor de la iglesia que envió el misionero.

Hace falta un **Libro de Actas**. En este libro se apuntan el nombre de la Iglesia, Los Artículos de Fe y se puede poner una copia de La Constitución de La Iglesia. Después de apuntar El Pacto de La Iglesia, se apuntan los nombres completos de las personas que serán los miembros fundadores de La Iglesia. Hay que dejar espacio al lado de cada nombre para que ellos pongan su firma. Al firmar, confirman que se comprometan cumplir las responsabilidades de un miembro fiel.

Será necesario hablar de ante mano con todos las personas que quieren formar parte de la nueva iglesia. Deben dar testimonio claro de su conversión, de su bautismo y de su deseo de honrar a Cristo como miembro activo y fiel de la Iglesia. No debe permitirse una persona que no llena los requisitos bíblicos para formar parte de una iglesia local bíblica (Hechos 2:41-47). Algunos misioneros tienen la idea de que debe darse una invitación

CAPITULO OCHO: LA PREPARACIÓN PARA LA ORGANIZACIÓN FORMAL DE LA IGLESIA NUEVA

pública a todos los presentes para que formen parte de la iglesia. Basándome en cuarenta-siete años de experiencia en el ministerio, opino que esa idea crea problemas para la nueva congregación, ya que personas desconocidas que no llenan los requisitos pueden solicitar membrecía.

Pueden aceptarse a los niños, jóvenes, adultos y ancianos como miembros, siempre que llenan los requisitos bíblicos. Puede haber provisión para que personas adicionales puedan unirse a La Iglesia como miembros fundadores, quizás durante un mes o dos después del culto de organización. Al pasar los años, el ser miembro fundador tendrá más significado. Que bendición pensar que uno ha ayudado fundar una nueva iglesia autónoma para la gloria del Señor Jesucristo.

El programa del culto de organización:

1. Cantar un himno.
2. Elegir un encargado que dirige el culto y un secretario para apuntar el registro del culto. (Sirven solo durante el culto de organización)
3. Tener una oración. (El predicador encargado del culto dirige)
4. Reconocer a los invitados.
5. Cantar otro himno o presentar música especial.
6. Dar una historia breve del comienzo de la obra.
7. Dar una explicación breve de los requisitos para membrecía, la doctrina y los propósitos de la Iglesia.
8. Pedir a los miembros que firmarán como miembros fundadores de la Iglesia que se identifican. Que se lea el Pacto de La Iglesia y que se les pregunte a esos hermanos si se comprometen con el Señor y los unos con los otros.
9. Que pasen uno por uno a firmar el Libro de Actas.
10. Los miembros deben aprobar Los Artículos de Fe y La Constitución.
11. El encargado dirige a la congregación en elegir el pastor. Normalmente el pastor/misionero es nombrado pastor de la nueva congregación.
12. Un predicador da un mensaje alusivo a los miembros – un mensaje sobre sus responsabilidades y privilegios. Vale dar también el evangelio con el propósito de ganar los concurrentes que desean ser salvos, para el Señor.
13. Termine el culto en oración.
14. Puede haber una recepción después del culto.

Hay que sacar fotos o un video del evento.

Como se ha dicho, el misionero probablemente se quedará como pastor de la nueva iglesia. El misionero debía enseñar a los líderes de la nueva iglesia desde muy luego en el principio del ministerio lo que La Biblia enseña en cuanto a los requisitos para pastores (I Timoteo 3). También, él puede explicar luego que él será el pastor provisionalmente y no permanentemente. Al establecerse una iglesia autónoma, el misionero normalmente, no se queda como pastor permanente. El misionero al completar su trabajo y ministerio pasa a otro lugar donde hace falta una iglesia autónoma.

Para cada evento nuevo en la vida de la iglesia debe haber una presentación de la base bíblica. La gente tiene que comprender que las decisiones se toman siguiendo los principios bíblicos y no según el capricho del misionero.

Consideraciones Muy Importantes:

Hay que involucrar a los hermanos del lugar, los nacionales.

Tarde o temprano habrá personas que han cumplido las lecciones del discipulado. De este grupo de individuos el misionero puede escoger algunos para asistir en varias áreas del ministerio. Hay que platicar con estos líderes en cuanto a las responsabilidades de cada uno. **Hay que enseñar** la importancia de "dar cuentas" y la sumisión a las autoridades establecidas, **por poner un ejemplo**. Ponga en práctica en su vida el principio de "aconsejarse con otros." El misionero extranjero (especialmente los americanos) puede beneficiarse aconsejándose con la gente (nacional) del lugar. Los nacionales conocen a su gente y a su cultura. El misionero extranjero no debe insistir en hacer las cosas a su manera cuando una mayoría de los nacionales maduros tienen dudas. **Hay que aprender respetar la sabiduría de los nacionales.** Si el misionero respeta a los nacionales, será más probable que ellos le respetarán a él. **Ellos pueden tener perspicacia que el misionero extranjero no ha logrado.** En cuanto a los <u>**principios bíblicos y cuestiones de doctrina, hay que estar firme.**</u> Enséñeles que hagan lo mismo, pero en cuanto a opiniones y personalidades, tenga cuidado.

En El Salvador en el principio del ministerio del Tabernáculo Bautista de San Miguel, el **Señor envió un hermano en Cristo anciano y muy sabio.** El **Hno. Valentín Reyes** me fue una bendición tan grande. **Tuve el privilegio de aconsejarme con él varias veces**. El tenía años de conocer a Cristo como Salvador y tenia convicciones bíblicas muy firmes. El me animó mucho. Estoy seguro que sus consejos me cuidaron de cometer muchos errores. Doy gracias a Dios porque él con paciencia y gentileza me ayudó. Hace años que él fue a la presencia del Señor y sé que habrá recompensas grandes para él.

Hay que establecer valores y un reglamento de conducta bíblico.

Los miembros que cumplen el discipulado comprenderán que **servir en el ministerio de la iglesia es más que una responsabilidad, es un privilegio.** Algunos nuevos pueden tener ideas erróneas en cuanto a lo que se requiere para que uno sirva en la iglesia. Gracias a Dios por el "buen ánimo y la buena voluntad" de cualquier y todo individuo, pero falta más todavía. Desde el principio hay que enseñar y poner directrices bíblicas – líneas de conducta, orden o mandato que prescribe el comportamiento que se ha de seguir – especialmente para los líderes de la iglesia. **Hay que explicar que eso directrices no tienen que ver con los inconversos y los visitantes que pueden llegar a los cultos – son para los líderes de la Iglesia.**

Casi todo el mundo es bienvenido a los servicios de la iglesia. Usted pregunta, "¿Casi todos?" Si, hermano. Una y otra vez han entrado a los cultos un borracho alborotador. Si se quedaren sentados en silencio serian bienvenidos también, pero tantas veces no se portan así. Los hermanos de la iglesia tienen que pedirles que salgan. ¿Ahora entiende por qué digo, "Casi todos?"

En una ocasión tuve que decirles a unos muchachos norteamericanos de la secta de los mormones que no llegaran a los cultos si llegaban con el propósito de apuntar nombres y direcciones de los concurrentes.

Lo importante es que los visitantes no se sientan avergonzados por su manera de vestir (sin zapatos, con ropa no limpia y quizás vieja, o inmodesta [hasta cierto punto] etc.) o por su condición económica, etc. Al contrario **son bienvenidos todos los que llegan con corazón sincero y con el deseo de acercarse a Dios por medio de Cristo Jesús.**

Los líderes de la iglesia deben comprender que se espera más de los cristianos y mayormente de los que sirven públicamente en la iglesia. El misionero, el pastor y la iglesia son **agentes de cambio. El cambio que buscamos es que todos reflejemos la imagen del Señor Jesucristo.** Que la gente vea a Jesucristo cuando nos ven a nosotros.

*"Porque a los que antes conoció, también los predestinó **para que fuesen hechos conformes a la imagen de su Hijo..."** Romanos 8:29*

El Señor dio a la iglesia varios hombres siervos de la iglesia, *"...a fin de perfeccionar a los santos para la obra del ministerio, para la edificación del cuerpo de Cristo, **hasta que todos lleguemos** a la unidad de la fe y del conocimiento del Hijo de Dios, a un varón perfecto, **a la medida de la estatura de la plenitud de Cristo...**"* Efesios 4:11-12

Hay que procurar que los valores y el reglamento de conducta bíblico sean los de los miembros, y no solo los del misionero.

<u>**La enseñanza bíblica es la mejor manera de comunicar esos valores**</u>. Si los miembros de la iglesia no aceptan con convicción de corazón los valores bíblicos que usted enseña, ellos los cambiarán tan pronto salga usted.

No hay que imponerles los valores o un reglamento americano. La idea es establecer una iglesia bíblica. **La fidelidad, la honestidad, la modestia, la excelencia, la puntualidad, lo decoroso, la pureza, la virtud, lo justo, lo amable, y todo lo que honra a Cristo son valores dignos de aceptación en el mundo entero.**

Para que los miembros sean responsables por la iglesia es necesario que la vean de ellos.

Hermano misionero, esfuércese para que los nacionales consideren que la iglesia es de ellos – de Cristo sí, pero de ellos también

Una congregación **organizada** no es una iglesia **establecida.** La organización de la iglesia provee la estructura necesaria para la nueva congregación, definición de la fe y practica de la iglesia y aun quienes son los miembros, pero no es una iglesia autónoma todavía. La iglesia **organizada** sirve de plataforma para la edificación continua y completa de la congregación.

CAPITULO NUEVE

LOS TRES ELEMENTOS BÁSICOS DE UNA IGLESIA AUTÓNOMA

Se ha mencionado la necesidad del **evangelismo** de parte del misionero y la gente de la nueva iglesia. También se ha dado enseñanza sobre el **ministerio de hacer discípulos.** En el capitulo ocho tocamos los principios relacionados con **organizar a la iglesia formalmente.** Ahora conviene dar la enseñanza sobre los elementos necesarios para que la iglesia sea una iglesia **autónoma.** Ya se han mencionado las tres características esenciales de una iglesia autónoma: Que **se gobierna, se sostiene y se propaga.**

Se supone que el misionero y los que le ayudan han ganado almas, y han hecho varios discípulos por medio de la enseñanza de las verdades básicas de la Palabra de Dios. Aprovechando la información provista en los capítulos previos, la nueva iglesia o congregación debe estar en vías de establecerse como iglesia autónoma.

Hermanos, es sumamente importante "comenzar bien." La labor de establecer una iglesia bíblica y autónoma se hace mucho más difícil cuando uno toma decisiones erróneas. Los Proverbios nos enseñan que "hay camino que al hombre le parece derecho, pero..." La verdad es que podemos, por impacientes y por falta de fe, tomar pasos no provechosos. La gracia de Dios abunda en casos de esta índole. El en Su misericordia nos bendice a pesar de nuestros errores.

Algunas de las cosas que se tratan ahora son repetidas de lecciones previas. La repetición facilita el aprendizaje.

A. Se Gobierna

Prefiero comenzar con esta característica porque he visto que la iglesia o la congregación que no **se gobierna siguiendo los principios bíblicos** tampoco se motiva a sostenerse y propagarse. Para que una iglesia se gobierne es necesario tener liderazgo nacional del lugar donde está ubicado. No debe haber interferencia o dominio foráneo.

El misionero/plantador de iglesias debe preparar, por medio de la enseñanza bíblica, líderes nacionales que pueden responsabilizarse por la administración de la iglesia. Todo **lo que dice**, todas **las actitudes** y todas **las acciones** del misionero pueden contribuir o impedir el establecimiento o preparación del liderazgo responsable en la iglesia. El misionero debe preguntarse siempre, ¿Esta palabra, esta decisión, esta acción o actitud servirá para fortalecer o para debilitar a los líderes de la iglesia?

Unos ejemplos de decisiones tomadas que resultaron en crecimiento espiritual y beneficio para la obra:

> En una ocasión me hospedaba en el hogar de un miembro prominente de una iglesia. El querer discutir conmigo una situación en la iglesia quizás le motivó darme alojamiento en su casa. En un momento dado él me dijo, "Hermano, ¿Usted es el misionero fundador de nuestra iglesia? ¿No posee usted varios títulos como Licenciado en Estudios Bíblicos? ¿No tiene usted mucho más experiencia en el ministerio que los pastores de las iglesias aquí?" Estas preguntas dirigidas a mi ego, quizás debían servir para ganar mi favor. Luego me pregunto, "Hermano, tomando en cuenta todo esto, ¿No tiene usted la autoridad necesaria para quitarle a Fulano de ser el pastor de la iglesia e instalar a otro en su lugar?"

En mi corazón una voz me decía, "Que bueno que este hermano reconoce cuan gran hombre soy yo." Gracias a Dios no di lugar a mi carne, ni al hombre viejo que vivía y que todavía vive en mí. Le dije, "Hermano, la iglesia no es mía. La iglesia pertenece al Señor." Le hice ver que el pastor no era mi siervo, ni siervo de él, sino del Señor (Romanos 4:1-7).

Quizás hubiera usado mi influencia para quitar al pastor y poner otro en su lugar, pero él era mi amigo y muchos de los miembros le querían como pastor. Al meterme en esa situación hubiera ofendido al pastor y a muchos hermanos amigos. Además, **hubiera violado los principios** a los cuales me he apegado todos estos años – **los principios de la autonomía de la iglesia local.**

No era para mí "gobernar" en los asuntos de la iglesia. Una vez organizada la iglesia con liderazgo nacional, no era para mí

imponer mi voluntad. **Solo el Señor tiene la autoridad necesaria para "poner y quitar pastores."** Animé al hermano a que orara al Señor Jesús para que El pusiera la solución. El Señor pudo resolver el problema sin la interferencia mía o de otros. Odio "la política" que se ve a veces en las iglesias y en las organizaciones cristianas. ¿Por qué no podemos dejar al Señor dirigir Su obra?

Me alegra poder reportar que el hermano oró y el Señor puso la solución. No pasó mucho tiempo antes de que el pastor entregara su renuncia. La iglesia aceptó su renuncia y llamó a otro hombre de Dios para que fuera su pastor. El miembro vio la mano de Dios en todo eso. El aprendió respetar la autonomía de la iglesia y también al pastor de la iglesia como hombre de Dios. Estas lecciones sirvieron para que él creciera y llegara a ser un líder nacional sabio, piadoso, y confiado en el Señor.

Era evidente que él se había influenciado por la cultura local – la de la política. Si no le caía bien cierto individuo, mejor usar "el cuello" (los contactos) que creía tener con una persona de autoridad para lograr sus propósitos. Una persona católica me contó hace muchos años que la gente ora a María, la madre de Jesús, porque ella podía influenciar a su hijo Jesús. Sin embargo la Biblia (I Timoteo 2:5-6) dice claramente que hay solo un mediador entre Dios y los hombres, Jesús hombre. La petición del hermano fue el resultado de "pensar como un cristiano carnal." Gracias a Dios que él recibió los consejos y fue ayudado. **El aprendió buscar a Jesucristo. Esa es una de las metas mayores del misionero – que la gente se acerque a Jesucristo.**

Una lección que se confirmó en mi corazón es que hay que tener cuidado de dar consideración a las "acusaciones y dudas" de las personas, aunque aparentemente son sinceros y desean honrar al Señor Jesucristo. A veces el acusador tiene sus propias luchas y problemas.

Tenga cuidado de "juzgar" a los siervos de Dios, sean pastores, misioneros, evangelistas, etc. En Romanos 14:4 leemos, *"¿Tu quien eres, que juzgas al criado ajeno? Para su propio señor está en pie, o cae; pero estará firme, porque poderoso es el Señor para hacerle estar firme."* En I Timoteo 5:19 Pablo dice, *"Contra un anciano no admitas acusación sino con dos o tres testigos."*

Estamos en una guerra espiritual y conviene que guardemos a los soldados hermanos de ataques del enemigo.

Hace unos años tuve el privilegio de dirigir unas palabras a los estudiantes de un instituto bíblico. Al final de la sesión un estudiante preguntó, "¿Podemos tener otra sesión mañana por la tarde?" Claro a mí me gustaba la idea pero respondí diciendo que mejor preguntaremos al Pastor de la Iglesia. Mi respuesta fue una que manifestaba el respeto que yo tenía por el Pastor y su autoridad como administrador (obispo) del ministerio de la Iglesia y el instituto bíblico.

El Pastor después me agradeció por haber contestado así. Hubiera sido fácil decir, "Como misionero fundador de la Iglesia y del instituto bíblico, y siendo el padre en el Señor y la fe para muchos de ustedes, incluyéndole al Pastor, creo que conviene que tengamos otra sesión." Los estudiantes pudieron tener más respeto para él y su autoridad porque yo le había respetado. Creo que a mí me respetan más también.

Una vez que se establezca y se organice una iglesia nueva en iglesia autónoma, el misionero ya no tiene autoridad. El puede involucrarse si los líderes (el pastor, los diáconos, etc.) se lo piden. El puede dar consejos si se lo piden. Una iglesia no puede gobernarse si el misionero constantemente se mete y busca controlarla.

Los líderes nacionales deben responsabilizarse por cada aspecto del ministerio de la iglesia.

Ellos, como el misionero, deben tener una relación viva, creciente y estrecha con el Señor (Juan 15:1-8). Los líderes necesitan crecer en el conocimiento del Señor. Deben esforzarse por **desarrollar la clase de relación con Cristo, el Espíritu Santo, su esposa, sus hijos, y con la congregación que provea ejemplo para los demás.** El misionero debe esforzarse por **proveer la instrucción bíblica y el ambiente propicio para que sea así.**

Los líderes de la iglesia deben ser personas "llenas del Espíritu Santo."

El misionero debe poner el ejemplo delante de los demás de lo que es vivir controlado (lleno) por el Espíritu Santo. Hay que animarles a que "anden en el Espíritu. **Los líderes de la iglesia que son llenos del Espíritu Santo tendrán**

CAPITULO NUEVE: LOS TRES ELEMENTOS BÁSICOS DE UNA IGLESIA AUTÓNOMA

el fruto del Espíritu producido en sus vidas. Si el espíritu los controla, El producirá el fruto (Efesios 5:18, Gálatas 5:22-23) en ellos. ¿Hay en nosotros el fruto del Espíritu?

Será muy difícil para nosotros dirigir a otros hacia una vida espiritual – llena del Espíritu Santo y Su fruto – si nosotros no experimentamos día en día Su llenura y control. Algunos cristianos se esfuerzan mucho por tener el fruto mencionado en Gálatas 5 en sus vidas, pero hay que recordar que "una maquina trabaja, pero un organismo, algo vivo como un árbol (Salmo 1:1-6) produce fruto. La espiritualidad "mecánica" no dura. Este fruto solo se produce cuando nos sometemos al control del Espíritu Santo.

Mas el fruto del Espíritu es amor, gozo, paz, paciencia, benignidad, bondad, fe, mansedumbre, templanza; contra tales cosas no hay ley." Gálatas 5:22-23

La nueva iglesia necesita líderes que llenan los requisitos bíblicos.

El Señor inspiró al Apóstol Pablo apuntar en I Timoteo 3:1-13 y Tito 1:5-9 los requisitos para pastores, ancianos, obispos, diáconos y sus esposas. Actualmente hay muchos que no dan importancia a estos requisitos bíblicos. **Los misioneros,** porque son plantadores de iglesias, y por lo tanto tienen que servir como pastor de la nueva iglesia provisionalmente, **deben llenar estos requisitos.** Es la opinión del escritor de este libro que los líderes que van a enseñar la Palabra de Dios, los que van a ejercer el oficio de pastor de una iglesia y los que van a servir en alguna capacidad como anciano, diacono o esposa de uno de estos hombres, deben llenar estos requisitos.

"Palabra fiel: Si alguno anhela obispado, buena obra desea. Pero es necesario que el obispo (pastor, anciano) sea irreprensible, marido de una sola mujer, sobrio, prudente, decoroso, hospedador, apto para enseñar; no dado al vino, no pendenciero, no codicioso de ganancias deshonestas, sino amable, apacible, no avaro; que gobierne bien su casa, que tenga a sus hijos en sujeción con toda honestidad (pues el que no saber gobernar su propia casa, ¿cómo cuidará de la casa de Dios?; no un neófito, no sea que enveneciéndose caiga en la condenación del diablo. También es necesario que tenga buen testimonio de los de afuera, para que no caiga en descredito y en lazo del diablo. Los diáconos asimismo deben ser honestos, sin doblez, no dados a mucho vino, no codiciosos de ganancias deshonestas; que guarden el misterio de la fe con limpia conciencia. Y estos también sean sometidos a prueba

primero… Las mujeres asimismo sean honestas, no calumniadoras, sino sobrias, fieles en todo…" I Timoteo 3:1- 13

Una explicación y definición de estos requisitos para pastores (ancianos, obispos, pastores) diáconos y las esposas de estos hombres, siervos de Dios y de la iglesia local.

I Timoteo 3:1-13, Los Hechos 6:1-7

1. <u>Irreprensible</u> (I Timoteo 3:2) Esto significa "que no merece reprensión". En otras palabras no debe haber nada en la vida de esta persona que merece censura o reprimenda. El diablo y el mundo siempre buscan algo en la vida de los líderes de la iglesia que ellos puedan señalar como una falta y usar como pretexto para no acercarse al Señor. Ninguna persona puede vivir sin pecado, pero los líderes de la iglesia deben esforzarse por eliminar de sus vidas, con la ayuda de Dios, las cosas que pueden traer reproche sobre la iglesia y el Señor Jesucristo.
2. <u>Marido de una sola mujer</u> (v. 2) El oficio de "pastor o diacono" no se otorga a una mujer. *Quizás* las esposas de los diáconos pueden llamarse "diaconisas" pero no hay "pastoras" en la Biblia. Esta expresión también significa que el pastor y los diáconos no pueden ser hombres divorciados, ni re-casados. No dice que pueden tener "una esposa a la vez" y así tener varias, dice una sola mujer. Un viudo o la viuda tiene derecho bíblico de casarse de nuevo (I Corintios 7:39) pero no un divorciado. El hombre que no puede "gobernar bien su casa o familia" probablemente no podrá gobernar en la iglesia como pastor (v. 4). Los cristianos piadosos y fieles que son divorciados y/o casados de nuevo, puede servir en otros ministerios de la iglesia, pero se quedan descalificado para el oficio del pastor o diacono.

Nota: Este es uno de los puntos controvertidos. **Tenemos que ser sensibles y compasivos en cuanto al sufrimiento que ha habido y hay en los matrimonios no funcionales.** Es interesante que la mayoría de los divorciados echan la culpa al conyugue. Los hombres dicen que la mujer tiene la culpa. Las mujeres dicen que los hombres tienen la culpa. Mayormente quieren darse por inocentes para poder decir que tienen derecho de volverse a casar, y hasta también seguir en el ministerio. La realidad es que, probablemente, ambos tienen la culpa. También es cierto que **bíblicamente el hombre tiene mayor responsabilidad porque él es "la cabeza de la familia."** Vivimos en un mundo muy permisivo. Aun a los cristianos, a ellos

CAPITULO NUEVE: LOS TRES ELEMENTOS BÁSICOS DE UNA IGLESIA AUTÓNOMA

les gusta interpretar la Escritura a su manera de pensar para darse el lujo de hacer "lo que les dé la gana." **¿Queremos las bendiciones del Señor sobre nuestra iglesia?** Mejor entonces apegarnos a Su Palabra y conformarnos a Sus requisitos.

3. Sobrio (v.2) La palabra no significa "no borracho" sino que una persona es un individuo "serio", no un payaso. En contraste al individuo serio, hay la persona que cree que su don es contar chistes todo el tiempo. Hay gente que tiene "comezón de oír" que les gusta escuchar chistes más que oír la sana doctrina de Dios (II Timoteo 4:3).
4. Prudente (v.2) Se usa de una persona sensata y bien equilibrada que puede ejercer juicio justo en todo momento.
5. Decoroso (v.2) Es sinónimo de circunspección, pureza y honestidad. Es una persona ordenada y organizada.
6. Hospedador (v.2) Es el hombre que ama y atiende a los extranjeros. Una persona amable y que ofrece la amistad libremente.
7. Aptos para enseñar (v.2) El pastor y el diacono como líderes de la iglesia deben tener la aptitud para enseñar. Para que uno pueda enseñar es necesario que sea primero un buen alumno.
8. No dado al vino (v. 3) El pastor y los diáconos no deben usar jamás la bebida alcohólica, ni socialmente. Hay un buen estudio (*8 Preguntas*) sobre el tomar vino y otras bebidas alcohólicas hecho por el Dr. Scott Wendal (traducido por Hno. Roberto Green) que se recomienda. Que los líderes de la iglesia toman alcohol es poner una piedra de tropiezo delante de otros y además una violación de la Escritura (Habacuc 2:15-16).
9. No Pendenciero (v.3) Uno que no es "peleador". Uno que no busca pelear verbalmente, ni físicamente.
10. No codicioso (v.3) El hombre que ve el ministerio como una "profesión" o una manera de sacar provecho económico se queda descalificado.
11. Amable (v.3) Una persona gentil, dispuesta a escuchar y aguantar (aceptar) que le critican.
12. Apacible (v.3) Una persona que busca la paz. Uno que puede tener una opinión sin ser desagradable.
13. No avaro (v.3) No es codicioso de dinero, cosas, ni de la fama.
14. Que gobierne bien su casa (vs. 4-5) No es necesario que sea un hombre casado, aunque conviene, pero sí es casado debe tener un buen testimonio junto con su esposa y sus hijos. Uno de familia piadosa.

15. <u>No un neófito</u> (v. 6) Que no sea un creyente nuevo o una persona que tiene falta de madurez natural y espiritual. Difícilmente podría un "jovencito" ser el pastor una iglesia.
16. <u>Que tenga buen testimonio de los de afuera</u> (v. 7) Es necesario que tenga una buena reputación con los no-creyentes y con los salvos. Que tenga buen carácter. Un hombre respetado y piadoso.

Los diáconos. La palabra significa "siervo".

Los primeros diáconos fueron elegidos por la Iglesia de Jerusalén. Hechos capitulo seis relata la situación. Los diáconos deben ayudar al pastor para que él pueda dedicarse al ministerio de la Palabra de Dios, la oración, y los aspectos espirituales del ministerio. Aunque los diáconos no tienen la misma autoridad que el pastor, ellos deben llenar los mismos requisitos. Varios se convirtieron en predicadores (Esteban, Felipe, etc.).

1. En Hechos 6:3 se nos dice que los primeros fueron escogidos o seleccionados por la congregación. Fueron hombres de buen testimonio, llenos del Espíritu Santo y sabiduría. Esos varones eran testigos eficaces para el Señor (I Timoteo 3:8-13).
2. Honestos (v.8) Dignos de respeto.
3. Sin doblez (v.8) No eran mentirosos, ni chismosos, ni de doble animo.
4. No dado a mucho vino. (v.8) El vino de esos tiempos antiguos tenía un contenido muy mínimo de alcohol, quizás solo 3%. Uno tendría que tomar "mucho, demasiado" para embriagarse.
5. No codiciosos (v. 8) Los diáconos tienen a su cargo el contar y depositar los fondos de la iglesia. No hay lugar para codicia. Debe haber una actitud espiritual y una responsabilidad confirmada en cuanto al dinero.
6. Con buena doctrina (v.9) La palabra misterio significa que hay verdad una vez escondida, pero que ahora se ha revelado por Dios. Los diáconos deben tener conocimiento de la doctrina sana de la iglesia. Sus decisiones deben basarse en la doctrina bíblica y no en preferencias personales. Deben tener conocimiento de la constitución y los estatutos de la iglesia. Mayormente deben conocer y vivir por la Escritura.
7. Sometidos a prueba (v.10) Hace falta una confirmación de su piedad.
8. Un hogar piadoso (vs. 11-12) La esposa debe llenar los requisitos o su esposo queda descalificado.
9. Dispuesto a servir (v.13) Es para el diacono "servir" no gobernar.
10. Fieles a la iglesia
    a. A los cultos

CAPITULO NUEVE: LOS TRES ELEMENTOS BÁSICOS DE UNA IGLESIA AUTÓNOMA

    b. Con sus bienes, diezmos, ofrendas, etc.
    c. Promoviendo siempre su bienestar y crecimiento
    d. Orando siempre
11. Leales a los pastores, los otros obreros, los otros diáconos, los miembros, etc.
12. Estar siempre pendiente de la condición o las necesidades de los miembros
13. Ser un ejemplo para todos, los mayores, los jóvenes y los niños
14. Ser fiel a su familia
15. Estudiar para aumentar su conocimiento de la Palabra de Dios
16. Ser lleno del Espíritu Santo – viviendo con el fruto del Espíritu
17. Un ganador de almas

Los deberes de los diáconos:

1. Ayudar al pastor – Hechos 6:1-3
2. Ayudar con las viudas, huérfanos, enfermos, etc.
3. Pueden servir como consejeros para los pastores y para la iglesia. Pueden hacer recomendaciones, pero no tienen autoridad bíblica para dirigir a la iglesia o gobernar.
4. Pueden servir como representantes legales para la iglesia, junto con los pastores y otros oficiales elegidos para tal propósito.
5. Los diáconos y sus esposas deben estar preparados para atender a los que responden en las invitaciones después de la predicación – aconsejar a los salvos y guiar a los perdidos a los pies de Jesús.
6. Deben encargarse de recibir las ofrendas, contarlas y preparar todo para los depósitos en el banco.
7. Deben preparar el bautisterio y todo para los bautismos y ayudar a los que van a seguir al Señor en el bautismo. Sus esposas pueden ayudar a las damas, etc.
8. Deben preparar los elementos de la Cena del Señor y ayudar al pastor a repartirlos, etc.
9. Mayormente los diáconos sirven en lo "material" (servir mesas, etc.) y los pastores en lo "espiritual" (orar, predicar, enseñar la Palabra de Dios, etc.).
10. Los diáconos, junto con el pastor pueden formar un comité para la "disciplina de un miembro" y para orar para los enfermos.
11. Los pastores y los diáconos pueden formar un comité para proponer los nombres de individuos para que se eligen como nuevos oficiales, maestros, etc.

12. Los diáconos deben visitar a los enfermos, los que visitan a la iglesia, etc.
13. Deben informar al pastor de cualquiera cosa que podrían afectar al ministerio de la iglesia en manera negativa, etc.

El misionero tendrá que enseñar y preparar las personas para servir en esa capacidad.

El Señor da personas con dones, talentos y habilidades a la iglesia para suplir las necesidades de la congregación (Efesios 4:11-16). Es la responsabilidad del misionero ayudar a los miembros de la iglesia descubrir y desarrollar su capacidad para servir.

Recomendaciones:

1. Tenga cuidado (I Timoteo 5:22). Mejor proceder con precaución.
2. Hay que definir los requisitos, las características, y aptitudes de los que pueden servir en capacidad oficial y pública (pastores, maestros, diáconos, supervisores, etc.). Hay que enseñar los principios bíblicos como los de I Corintios 9:19-27. Hay que enseñar que servir en la iglesia es un privilegio, pero una responsabilidad muy grande. Tenga un reglamento estricto y requisitos bíblicos altos. *"Por lo cual, siendo libre de todos, me he hecho siervo de todos para ganar mayor número."(I Corintios 9:19)*

Véase el pacto para los líderes en los apéndices.

3. Mejor seleccionar obreros en vez de solicitar "voluntarios." El misionero debe tomar tiempo para "conocer" a la gente antes de invitarles servir en cierta posición. A veces conviene dar la oportunidad para servir durante "tiempo limitado o servir en un puesto provisionalmente."
4. Los obreros deben tener la recomendación del pastor y los diáconos si van a servir. Solo los que tienen la recomendación de los líderes deben elegirse a una posición.
5. Hay que entrenar a los obreros para que sepan "que hacer" y lo que se espera de ellos. **Hay que ayudarles "crecer" en el Señor y en su puesto de servicio.**
6. Si hay que corregir a un obrero o despedir a uno, hágalo en una manera cristiana. No hay que chismear, ni reprocharles, ni avergonzarles. Mantenga un nivel de excelencia piadoso.

CAPITULO NUEVE: LOS TRES ELEMENTOS BÁSICOS DE UNA IGLESIA AUTÓNOMA

7. **Hay que mantener buena comunicación** con los obreros y líderes de la iglesia – y con la congregación. No tiene que comunicarse todo, pero cuando es necesario para el bien de la iglesia hágalo como cristiano.
8. La idea es **edificar vidas.** Hay que tener paciencia y hay que perseverar.
9. Hay que "recompensar" y reconocer a los obreros cuando es merecido (Romanos 13:7) *"Pagad a todos lo que debéis… al que respeto, respeto; al que honra, honra…"*
10. Vea a sus compañeros (los miembros de la iglesia, los líderes, los maestros, etc.) como miembros de **un equipo. Sé leal a ellos.** No hay que criticarlos. Si hay un problema, hay que buscar una solución muy luego. Si hay un desacuerdo, hay que ponerse de acuerdo para el bien de la iglesia.
11. **Busque que los demás sean exitosos en el Señor y el ministerio.** Usted será un éxito si ellos son exitosos.

Ninguna persona en la iglesia es perfecta. Los pastores y diáconos y sus esposas deben llenar estos requisitos básicos si van a servir como oficiales y líderes de la iglesia. Todos nosotros debemos esforzarnos para crecer en el Señor y llenar los requisitos. Porque un hombre es el "marido de una sola mujer", no significa que el llena todos los demás requisitos. Los que van a ordenarse deben permitir al Espíritu Santo obrar en ellos las características que honran a Dios y que los permite servir como oficial en la iglesia.

Los que no llenan los requisitos para pastor o diacono no deben dejar de servir al Señor en otras maneras. Algunas personas tienen limitaciones y no pueden servir como pastor o como un diacono, pero pueden servir en otra capacidad. Algunas personas adultas tomaron decisiones en su juventud que impiden que sirvan sin limitaciones. Los ancianos debemos animar a los jóvenes a que den sus vidas al Señor como jóvenes – que pongan al Señor en primer lugar en sus vidas.

Ame a los con limitaciones también. Anímeles y ayúdeles encontrar un ministerio en la iglesia donde pueden servir. Anime a los que sí llenan los requisitos para que se preparen para servir al Señor también.

No vivimos en un mundo ideal. El hombre en rebeldía ha complicado casi todo. Una gran parte del ministerio del misionero y el pastor será ayudar a individuos y parejas recuperar algo del plan original de Dios. No se frustre en sus esfuerzos.

El Señor ha prometido "edificar Su iglesia." En Mateo 16:16-18 tenemos esa promesa. También hay consolación en saber que la batalla es Suya (II Crónicas 20:15). El Señor está con nosotros. Bien sabe que la iglesia necesita líderes llenos de Su Espíritu y piadosos. El Dr. Lee Roberson solía decir, **Tenga fe en Dios."** Tome para sí las promesas de II Crónicas 20:15b y 15:17b.

"...No temáis ni os amedrentéis delante de esta multitud tan grande, porque no es vuestra la guerra, sino de Dios."

"...no temáis ni desmayéis; salid mañana contra ellos, porque Jehová estará con vosotros."

La porción principal de preparar líderes para la iglesia es la responsabilidad de Dios, pero usted debe hacer su parte, enseñándoles la doctrina y la practica de liderazgo en la iglesia. Viva lleno del Espíritu Santo. Mantenga comunión con El. Viva su pasión por Dios y Su voluntad delante de los hermanos en Cristo. Comparta con ellos su pasión por ganar almas y edificar la iglesia.

El misionero prepara líderes aprovechando los medios formales y no formales.

Hay que pasar tiempo de "preparación no formal" con los hermanos que pueden convertirse en líderes. Visíteles en su hogar. Pase a saludarlos en el lugar donde trabajan. Si es conveniente y posible, ore con ellos y déjeles un lingote de oro espiritual de la Palabra de Dios. Esas visitas no formales le permitirán mostrarles como Cristo puede ser céntrico en sus vidas, en su hogar, en el trabajo, en los tiempos de recreo, y en la comunidad. Si se puede, vaya a trabajar con ellos, al partido deportista de sus hijos, etc. Estas visitas le ayudarán entender les mejor, su cultura, sus pruebas, temores, dudas, y deseos, etc.

> Fui a trabajar con un hermano del Tabernáculo Bautista de San Miguel con el propósito de acercarme más a él. Chico Crema iba cada día a las cuatro de la madrugada para comprar crema, y luego iba por las calles de San Miguel vendiéndola. Al transitar las calles del pueblo él sonaría el pito de la vieja camioneta y gritaría, "¡Hay crema!" En ese ambiente tuve la oportunidad de hablar con él de la importancia de tener un buen testimonio para Cristo.

Pude ver las tentaciones que hubo ya que la mayoría de las mujeres que salían de sus casas para comprar la crema solo se vestían la ropa de dormir. Casi siempre él me presentaba con esas personas diciéndolas, "Este es mi pastor." Desde esa mañana Chico y su servidor hemos sido hermanos en Cristo con una amistad muy estrecha. Chico y su esposa Nubia, son muy especiales y preciosos, son miembros fieles y fructíferos en la iglesia. Muchas personas se han acercado a Cristo por el testimonio de ellos.

El tiempo fuera de la iglesia y del pulpito que usted pasa con la gente les dará la oportunidad de observar su vida en el mundo donde viven ellos. Necesitan ver sus acciones y reacciones ante los problemas y las situaciones que ellos viven todos los días. Les ayuda comprender que usted es un "ser humano" también, y a pesar de eso usted es hombre piadoso. Necesitan saber que "tener a Cristo en la vida" sí tiene impacto favorable – uno que tiene a Cristo es diferente. El pastor debe oler a ovejas.

El misionero usa la preparación formal en la iglesia y el instituto bíblico para preparar a los nuevos líderes.

Porque mencionamos el valor y algunas consideraciones en cuanto a tener un instituto bíblico en otra parte del libro (Página 60) no voy a decir más ahora. Los ministerios de la predicación, los estudios bíblicos en la escuela dominical y también los estudios en el instituto sirven para preparar nuevos líderes.

¿Cuáles son las áreas de responsabilidad en cuanto a "gobernar" la iglesia que les toca a los líderes?

Los líderes de la iglesia son responsables por la doctrina, por los ministerios (evangelismo, la instrucción, el hacer discípulos, la benevolencia, etc.), el orden, las ordenanzas (La Cena del Señor y el bautismo), las finanzas, los bienes de la iglesia, los oficiales y el espíritu de la iglesia. En Los Hechos 2:41-42 el Señor, por medio de Lucas, nos da información sobre la estructura y las actividades de la iglesia.

*"Así que, los que **recibieron su palabra fueron bautizados**; y se añadieron aquel día como tres mil personas. Y **perseveraban en la doctrina de los apóstoles,** en la **comunión unos con otros**, en el partimiento del pan y **en las oraciones.***

Según estos versículos ellos bautizaban solamente a los **que recibieron la Palabra (los que creyeron)** y no a los infantes, **y continuaron en la doctrina sana de los apóstoles.** Los hermanos que van a ser líderes en la iglesia necesitan tener conocimiento de la doctrina bíblica. Ellos, juntos con los pastores, serán los defensores de la doctrina de la iglesia.

El Apóstol Pablo, en Los Hechos 20:20-35 nos deja un buen ejemplo del ministerio del misionero.

*"...**sirviendo al Señor** con toda **humildad**, y con muchas **lagrimas**, y pruebas que me han venido por las asechanzas de los judíos; y **cómo nada que fuese útil he rehuido de anunciaros y enseñaros, públicamente** y por **las casas**, testificando a judíos y a gentiles acerca del <u>**arrepentimiento para con Dios** y de **la fe en nuestro Señor Jesucristo.**</u>*

- Pablo servía al Señor, su Salvador y Maestro (v.19)
- Era un hombre humilde
- Ministraba con muchas lagrimas
- Les enseñó todo lo que les fuese útil – todo el consejo de Dios (v. 27)
- Enseñó públicamente y de casa en casa.
- Enseñó el arrepentimiento y la fe.
- No cesó de amonestarlos con lagrimas (v.31)
- Los encomendó a Dios y a la Palabra de Su gracia. (v.32)
- Buscó darles lo necesario para "sobre edificarlos". (v.32)
- Les enseñó dar y ayudar a los necesitados. (v.35)

Pablo buscó prepararlos para cualquiera y toda situación o eventualidad. Los líderes tendrán que velarse por la totalidad del ministerio de la iglesia. Ellos necesitarán una firmeza bíblica y santa al ver los ataques contra la iglesia. Muy sutilmente buscarán los enemigos influenciar y desviar a la congregación (Hechos 20:28-29; Judas 4). Algunos ataques serán desde afuera, y otros surgen desde adentro. Los líderes tendrán que vigilar constantemente.

Conviene mencionar en este contexto la importancia de cuidar a la iglesia de asociarse o comprometerse con otras iglesias u organizaciones no bautistas independientes. El **movimiento ecuménico** es real y peligroso. El misionero debe enseñar la historia bautista y la herencia que es nuestra. Cuando una iglesia bautista independiente autónoma se compromete en el ministerio con iglesias o grupos que no tienen la misma doctrina y practica, causan confusión, especialmente para los hermanos recién nacidos de nuevo. Hay mucha

CAPITULO NUEVE: LOS TRES ELEMENTOS BÁSICOS DE UNA IGLESIA AUTÓNOMA

diferencia entre tener compañerismo personal o como familia con personas de otra doctrina y el entrar en actividades del ministerio con ellos.

Las iglesias bautistas **no** tienen por qué formar parte de la World Counsel of Churches o asociarse con grupos liberales, ecuménicos, neo-evangélicos.

Ciertos grupos extienden una invitación para que otros se asocien con ellos señalando los "beneficios económicos". Que haya compañerismo y colaboración entre las iglesias bautistas independientes e iglesias que tienen la misma doctrina trae beneficios, pero el compañerismo que no se basa en la doctrina bíblica puede ser dañino y peligroso. **Los líderes deben guardar y proteger la independencia y la autonomía de la iglesia.**

A veces hay pastores que creen que seria bueno "supervisar" varias iglesias en vez de solo ocupar la alta posición de pastor de una iglesia local autónoma. Esos pastores se tientan por unas ilusiones de grandeza. Desean crear una jerarquía para que ellos puedan reinar.

Hermano misionero, dedíquese a preparar líderes piadoso, bíblicos, informados, sabios, y amantes de la obra de Dios, y que puedan "gobernar" a la iglesia para que esa siga siendo una iglesia AUTÓNOMA.

Enseñe a sus discípulos ser responsables por la iglesia y el ministerio.

IGLESIAS AUTONOMAS

CAPITULO DIEZ
ES UNA IGLESIA QUE SE SOSTIENE

La Iglesia autónoma es una iglesia que se sostiene. Si el misionero ha enseñado bien a los miembros de la nueva iglesia ellos tendrán el deseo de confiar en el Señor para la provisión de sus necesidades, y de esta forma la iglesia será autónoma. Si el misionero gobierna la iglesia, y no los miembros, los miembros no querrán apoyarla económicamente. **Una iglesia que se gobierna, probablemente se sostendrá también.**

Desde el principio de la nueva obra (misión) o iglesia hay que enseñar a la gente a confiar en el Señor y ser buenos mayordomos. El misionero americano que paga todos los gastos confirma en las mentes de los nacionales lo que ellos han pensado, "Todos los americanos son ricos." Pueden pensar lo que quieren, pero la verdad es que: **SOLO DIOS TIENE RECURSOS SIN LIMITE.**

1. Enséñeles a orar y pedir a Dios lo que necesitan (Filipenses 4:6).
2. Enséñeles a darse a sí mismo al Señor primero y ante todo (Romanos 12:1-2).
3. Enséñeles a sus discípulos a dar (Los Hechos 20:35).
4. Enséñeles a honrar la Palabra de Dios y diezmar o dar la decima parte de sus ingresos al Señor – el diezmo es del Señor (Malaquías 3:8-10).
5. Enséñeles a apoyar a la obra y el ministerio de la iglesia, y a sus pastores (Malaquías 3:10, I Timoteo 5:17-18).
6. Enséñeles que está bien que el pastor trabaje en lo secular, si es necesario.
7. Enséñeles que pueden confiar o tener fe en Dios y Su capacidad para suplir sus necesidades (Filipenses 4:19).
8. Enséñeles ser responsables económicamente, tanto en sus finanzas personales como en las de la iglesia.
9. Enséñeles dar ofrendas regulares y especiales por fe arriba de su diezmos.
10. Enséñeles a tener ahorros. Los ahorros sirven: para que uno pueda comprar sin intereses, para las emergencias y para poder ayudar a otros.
11. Enséñeles que den ofrendas pro-misiones para apoyar a la obra misionera de la iglesia. Que aprendan dar "conforme a sus fuerzas y más allá de sus fuerzas (habilidad) por fe." II Corintios 8 & 9.

12. Enséñeles la importancia de "dar cuentas" en cuanto a las finanzas de la iglesia.
13. Enséñeles a mantener los libros de las finanzas al día. Las ofrendas deben recogerse y contarse entre tres individuos y debe someterse un recibo por la cantidad recibida en las ofrendas al pastor. La hoja de depósito también debe entregarse a la secretaria o al secretario de finanzas.
14. Enséñeles a dar ayuda benéfica a los necesitados, principalmente a los de la iglesia. Los líderes de la iglesia pueden decidir quien o quienes son dignos. Hay que cuidar bíblicamente a las viudas y los huérfanos (I Timoteo 5:8-16).
15. Enséñeles que es mejor dar a la iglesia las ofrendas y la ayuda económica que desean dar, para que la iglesia sea céntrica en todo eso. Mejor que la iglesia y el Señor reciban la gloria o el reconocimiento y no el individuo. Así, el individuo puede recibir una recompensa en el cielo.
16. Enséñeles que solo somos mayordomos de lo que pertenece al Señor. Nada es nuestro.
17. Enséñeles que los bienes y las propiedades son de la iglesia, no de un individuo ni de una organización eclesiástica.
18. Enséñeles:
    a. Tener un presupuesto de gastos normales y regulares.
       1. La renta o la letra mensual, la cuenta de luz, de agua, los gastos de literatura, transporte, seguros, etc.
       2. Los sueldos de los pastores y obreros. Los gastos relacionados con los predicadores invitados, etc.
       3. Los gastos del programa de misiones, el sostén para los misioneros, los gastos de la conferencia misionera anual, etc.
       4. Una cuenta pro-templo, etc.
    b. Orar siempre para la provisión de Dios.
    c. Informar a los miembros regularmente (mensualmente, etc.) en cuanto al estado de cuentas, etc.
    d. Pagar las deudas y las cuentas usando cheques o giros bancarios, y que siempre haya record de recibos, etc. Ciertas personas (pastor, diáconos, la secretaría o el secretario de finanzas) pueden pagar usando una tarjeta de crédito (siempre con límites y controles).
    e. La honestidad y transparencia son sumamente importantes.
19. La iglesia puede revisar el presupuesto anualmente para ver si hacen falta cambios, aumentos, etc.
20. Puede haber campañas de mayordomía para animar a los miembros "vivir por fe y confiar en el Señor."

21. Porque los miembros dan sus diezmos y ofrendas a la iglesia, ellos deben tener voz y voto. Esto es cierto pero deben recordar también que el dinero no es de ellos, sino del Señor.

Estimado hermano lector, solo el Señor tiene recursos sin límite – El sí los tiene.

"En todo os he enseñado que, trabajando así, se debe ayudar a los necesitados, y recordar las palabras del Señor Jesús, que dijo: **Más bienaventurado es dar que recibir."** Los Hechos 20:35

Hermano, repito que **una iglesia autónoma puede establecerse en cualquiera parte del mundo.** Claro estamos hablando de una congregación local de creyentes que se gobierna, se sostiene y se propaga. No estamos hablando de una iglesia con toda la parafernalia que caracteriza algunas iglesias modernas. Si el ambiente permite a una congregación tener templo, salas de clase, oficinas, casa pastoral, parqueo, aparatos de sonido, etc., etc. bien, pero no estamos hablando de esas cosas. **La gente forma la iglesia.**

Antes de rechazar la idea de tener una iglesia que se sostiene porque usted ministra en un país pobre, hay que considerar las palabras del Apóstol Pablo en II Corintios 8:1-3:

"Asimismo, hermanos os hacemos saber la gracia de Dios que se ha dado a las iglesias de Macedonia; que en grande prueba de tribulación, la abundancia de su gozo y su **profunda pobreza abundaron en** *riquezas de* **su generosidad**. *Pues doy testimonio de que con agrado* **han dado conforme a sus fuerzas**, *y aun más allá de sus fuerzas…"*

"Mi Dios, pues, suplirá todo lo que os falta conforme a sus riquezas en gloria en Cristo Jesús." Filipenses 4:19

"Traed todos los diezmos al alfolí y haya alimento en mi casa; y probadme ahora en esto, dice Jehová de los ejércitos, si no os abriré las ventanas de los cielos, y derramé sobre vosotros bendición hasta que sobreabunde." Malaquías 3:10

IGLESIAS AUTONOMAS

CAPITULO ONCE
ES UNA IGLESIA QUE SE PROPAGA

El tercer elemento de una iglesia autónoma es que "se propaga." Esto significa que la iglesia autónoma se multiplica o se reproduce. Una iglesia se multiplica en el área de su ministerio local por medio del evangelismo y el hacer discípulos. La iglesia autónoma se multiplica en las zonas mas allá del alcance de su ministerio local por medio de "plantar nuevas iglesias" en otros lugares. Finalmente una iglesia se multiplica en el mundo entero por medio de su programa de misiones.

Cada iglesia debe tener una visión y una pasión definido por Hechos 1:8.

*"…pero recibiréis poder, cuando haya venido sobre vosotros el Espíritu Santo, y me seréis testigos en **Jerusalén**, en toda **Judea**, en **Samaria**, y **hasta lo ultimo de la tierra**."*

- **Jerusalén** representa el pueblo o la ciudad donde está ubicada la iglesia -- El área local.
- **Judea** representa el área más allá del alcance local – otros pueblos cercanos.
- **Samaria** representa el área aun más lejos – otros departamentos, provincias o estados, etc.
- **Hasta lo último** representa el área del mundo más allá de nuestro país – hasta los lugares más lejanos del mundo.

El ministerio o trabajo del misionero no se ha completado hasta que la Iglesia tenga un ministerio que permite a la Iglesia multiplicarse en su cercanía y lejos. **La iglesia que deja de buscar las almas y llevar el evangelio a los perdidos, se estancará y luego se morirá.**

Tristemente, muchas congregaciones dirigen un 90% de sus actividades y recursos a los miembros de la Iglesia. Se reúnen para tener compañerismo, comer, cantar y escuchar la música, etc. Parece que la única meta que tienen es la de sentirse bien o sentir emociones fuertes y supuestamente "espirituales." Lo que sucede muchas veces no tiene nada que ver con el Espíritu, sino con la carne. La falta de espiritualidad y piedad bíblica ha dejado a esas iglesias con una anemia espiritual que impide que tengan influencia en su comunidad. Pocas personas inconversas acuden a los cultos. No hay conversiones en esas iglesias. Los bautisterios sirven para guardar arreglos florales, y una cantidad de cosas que deben guardarse en otro lugar. Nunca se llenan los tanques del bautisterio con agua porque no hay candidatos para bautismo – porque no hay ganancia de almas.

Los miembros de iglesias van de iglesia en iglesia buscando donde "se sienten a gusto, servidos, alimentados espiritualmente, etc." Cantidad de predicadores pasan sentados en las bancas esperando que el pastor vaya de vacaciones, que entregue su renuncia o que muera para que puedan ofrecerse para llenar el pulpito. Esos predicadores no quieren dedicarse a la obra de comenzar y establecer una iglesia nueva en uno de los miles de lugares que carecen de una iglesia bíblica autónoma. Que el Señor nos ayude a plantar iglesias autónomas que tengan una pasión por alcanzar las almas en todo el mundo.

Dios ha designado a la iglesia local para que lleve el evangelio al mundo. Este es el plan de Dios.

El misionero/pastor puede lograr que **la nueva iglesia sea una que se propaga** por:

1. Animar a todos los miembros (creyentes) que compartan su fe cada vez que se les dé la oportunidad. Los recién convertidos, generalmente, desean contar lo que Cristo ha hecho en y para ellos. No hace falta que tengan un curso completo antes de compartir su fe. La forma de "ganar almas" más sencilla es la de "compartir lo que Cristo ha hecho personalmente" (Marcos 5:19-20).
2. Reconocer a los que hacen esfuerzo por ganar almas. No hay que robarles su recompensa en el cielo por alabarles demasiado, pero hay que expresar aprecio por ellos.
3. Proveer los folletos, tratados, y literatura que necesitan.
4. Llevar a otros consigo para que puedan ver como ganar almas. También puede acompañarles y dejarles a ellos testificar.
5. Dar una explicación sencilla del evangelio en cada servicio o culto de la Iglesia. Hay que "alimentar" a las ovejas (creyentes) en cada culto pero siempre hay lugar para dar el evangelio y desafiar a los perdidos.
6. Escoger líderes (pastores, maestros, ujieres, obreros, miembros del coro, los que dan la enseñanza de hacer discípulos, etc.) en la iglesia que son ganadores de almas. Los líderes que nunca hacen el esfuerzo por ganar almas no están llenos del Espíritu Santo. La llenura y el poder del Espíritu Santo sirven, principalmente, para que seamos testigos para

Él (Hechos 1:8). Si los líderes de la Iglesia tienen esta convicción y práctica, la Iglesia será una iglesia autónoma, bendita por el Señor.
7. Tener campañas evangelisticas y otras actividades que promueven la ganancia de almas.
8. Enseñar las verdades bíblicas en cuanto a la cosecha y la mies. Hay que vivir mostrando una pasión por la ganancia de almas delante de ellos.
9. Animarles testificar a sus familias, su amigos, sus vecinos, etc.
10. Animarles que vayan llevando el evangelio a la gente del pueblo donde nacieron. Es natural que las personas salvas tengan una carga por las gentes de su pueblo natal. Si tienen éxito y hay conversiones, puede usted visitar el lugar con ellos. Quizás sería la voluntad de Dios que se establezca una nueva iglesia allí.
11. Animarles, aun durante el proceso de establecer una iglesia a que los miembros buscan plantar otra nueva iglesia. El misionero puede dirigir esta obra pero hay que aprovechar la oportunidad para instruir y entrenar los líderes para ministerios futuros. Una iglesia, aunque nueva, no tiene que esperar cinco o diez años para plantar una iglesia hija.
12. Enseñar la importancia de que cada miembro sea una persona creyente "llena del Espíritu Santo."
13. Enseñarles que hay varios métodos misioneros.
    - Hay el misionero que comienza una iglesia, la establece, y luego la deja en manos de un pastor y líderes locales. El puede pasar 5-6 años en cumplir esta obra.
    - Hay iglesias madres que comiencen una iglesia, la establecen, y siguen hasta que Dios llame a uno de los miembros para que sea el pastor.
    - Hay misioneros que comiencen una iglesia central, siguen como pastor y guían a la iglesia para que sirva como iglesia madre de varias iglesias. Estos misioneros deben preparar líderes y pastores para la iglesia madre y para las iglesias hijas. Hay lugares donde este método ha dado grandes resultados para la gloria del Señor. Un peligro es que el misionero se quede como pastor permanente de solo unos 30-40 personas y no haya "propagación" de la iglesia por el plantar nuevas iglesias. Tarde o temprano esa iglesia central debe llegar a ser una iglesia autónoma – que se gobierna, se sostiene y se propaga.

Sin "sucesor" no hay éxito.

Gracias a Dios hay personas hispanas que han captado esta idea. Dios los ha usado grandemente para multiplicar, para Su gloria, las iglesias plantadas por obreros de sus iglesias. Hay pastores y misioneros nacionales que han pastoreado y guiado a sus congregaciones en plantar docenas de iglesias hijas.

Hay iglesias hispanas que son iglesias autónomas – se gobiernan, se sostienen, y se propagan.

CAPITULO DOCE

LA CONCLUSION

Vale revisar los versículos de Hechos 14:21-23.

"Y después de anunciar el evangelio a aquella ciudad y de hacer muchos discípulos, volvieron a Listra, a Iconio y a Antioquia, confirmando los ánimos de los discípulos, exhortándoles a que permaneciesen en la fe, y diciéndoles: Es necesario que a través de muchas tribulaciones entremos en el reino de Dios. Y constituyeron ancianos en cada iglesia, y habiendo orado con ayunos, los encomendaron al Señor en quien habían creído."

Estos versículos nos presentan el patrón que siguió el Apóstol Pablo. Si vamos a establecer iglesias autónomas como las que ellos establecieron, debemos seguir su ejemplo. Ha sido mi propósito presentar la información básica sobre "como plantar iglesias autónomas, bíblicas. Quiero repasar una vez más los pasos de los apóstoles y hacer algunos comentarios alusivos.

- A. **Anunciaron el evangelio** – El evangelismo es el primer paso para plantar una iglesia. Ellos predicaron el evangelio de Cristo con el propósito de ganar almas. Es importante notar que ellos predicaron las buenas nuevas en toda la ciudad. El evangelio puede presentarse aprovechando los muchos medios que hay a nuestra disposición, pero lo importante es que se presente.
- B. **Hicieron discípulos** -- Porque ganaron muchos pudieron "enseñar a muchos". Todas las personas que se convierten deben recibir la enseñanza del discipulado. La segunda parte de la Gran Comisión es la enseñanza con el propósito de hacer discípulos. Los discípulos de Cristo son los que le siguen a El y a Su enseñanza.
- C. **Exhortaron a los creyentes** – La palabra "exhortar" significa, ponerse al lado de uno y animarle y darle corrección, dirección, instrucción, etc. (II Timoteo 4:2). Pablo encargó a Timoteo diciéndole, *"…que prediques la Palabra; que instes a tiempo y fuera de tiempo; redarguye, reprende, exhorta con toda paciencia y doctrina."* Ya le había dicho en II Timoteo 3:16, *"Toda la Escritura es inspirada por Dios, y útil para **enseñar**, para **redargüir**, para **corregir**, para **instruir** en justicia, a fin de que el hombre de Dios sea perfecto (maduro), enteramente preparado para toda buena obra."*

1. **Enseñar** – esta acción se entiende. Es la comunicación de información. El maestro comienza con la verdad "conocida" y procede a la que es verdad "desconocida". El maestro comunica por medio de la enseñanza lo necesario para que el individuo sea salvo y para que crezca en el Señor. El enseña lo "correcto."
2. **Redargüir** -- significa "impugnar, oponerse a, o llamar la atención cuando haya error, pecado y falla." La enseñanza que da el misionero a sus discípulos incluye este aspecto. El maestro tiene que enseñar lo que "no es correcto."
3. **Corregir** – significa sencillamente decirle al individuo como salir de su error. Es decirle al discípulo como "estar bien – en lo correcto."
4. **Instrucción en justicia** – significa exponer la verdad y lo correcto para que el discípulo puede mantenerse en lo correcto.

Aunque los misioneros (apóstoles) estuvieron poco tiempo, ellos aprovecharon para dar la enseñanza necesaria a los nuevos creyentes. No pintaron un cuadro falso de lo que venia por delante. La vida no iba a ser ningún "lecho de rosas". Iba a haber pruebas, persecuciones, y tribulaciones. Sin embargo debían seguir fieles en la fe y en el Señor.

D. **Establecieron ancianos en cada iglesia** – Es evidente que ellos pudieron reconocer a los creyentes sobresalientes o destacados en cuanto a la fe, la fidelidad y la madurez en las cosas del Señor. Oraron con ayunos, y dirigidos por el Espíritu de Dios pudieron dejar líderes en cada iglesia. Estos líderes eran los encargados del ministerio de la nueva iglesia.

E. **Los encomendaron al Señor en quien habían creído** -- Los apóstoles lograron que los líderes y los miembros de las nuevas iglesias confiaren en el Señor. Edificaron a las iglesias nuevas sobre el fundamento firme -- Cristo, la Roca de La Eternidad. Edificaron enseñando la Palabra de Dios. Es evidente que les enseñaron a confiar en Dios y no en "el brazo del hombre."

De principio a fin, el propósito era establecer una congregación nueva fundada sobre Cristo. No fue entonces, ni es ahora una tarea fácil. El plantar iglesias es un ministerio que requiere **fe en Dios y en Su habilidad de salvar y transformar** a viles pecadores como nosotros en personas cristianas que reflejen la imagen del Señor Jesucristo.

Habrá sacrificios que hacer (Romanos 12:1-2).

CAPITULO DOCE: LA CONCLUSION

Habrá que orar con fervor (Santiago 5:16b).

Será necesario resistir al enemigo en el Nombre del Señor, ya que estamos invadiendo su territorio (Mateo 16:16-18, Santiago 4:7, I Pedro 5:8-9).

Será necesario tener fe en el Señor cada día, y hacer la obra donde Él obra.

Será necesario permitirle al Espíritu Santo hacer la obra que solo El puede hacer en las vidas de los inconversos y en las vidas de los nuevos creyentes (Juan 16:7-14). Hay que orar todos los días, "Señor haz la obra que solo tú puedes en los corazones. Usa tu Palabra Señor para transformar y moldear las vidas de los recién convertidos con los cuales servimos. Haz de todos los creyentes personas piadosas con convicciones bíblicas."

Habrá resultados donde y cuando el Señor disponga (Efesios 2:1-14, Filipenses 4:1-2).

Como resultado de la obra del Señor y el misionero que El ha enviado, puede haber una iglesia nueva autónoma con un ministerio bíblico, balanceado, un instituto bíblico, misioneros, y obreros bien entrenados, e iglesias hijas.

Habrá un momento cuando conviene que se vaya el misionero para comenzar otra iglesia. El Espíritu Santo puede guiar en esta decisión y transición. La iglesia local, autónoma tiene siempre el derecho de llamar y consultar con el misionero fundador, pero no es para él exigir que haga la Iglesia su voluntad.

Es natural que los discípulos del misionero sigan sin él. De la misma manera que un hombre joven y su nueva esposa salgan de las casas de sus padres y se establecen como una familia nueva y autónoma, así una iglesia nueva tiene que valerse por si misma con la ayuda del Señor.

*"... y habiendo orado con ayunos, **los encomendaron al Señor, en quien habían creído**"* Hechos 14:23b.

IGLESIAS AUTONOMAS

Apéndice Número Uno:

LA OFRENDA POR-MISIONES, PROMESA DE FE

En las últimas páginas del Evangelio Según Mateo tenemos la comisión del Señor en cuanto a evangelizar al mundo y establecer iglesias locales por medio del discipulado.

"Por tanto, id, y haced discípulos a todas las naciones, bautizándolos en el nombre del Padre, y del Hijo, y del Espíritu Santo: enseñándoles que guarden todas las cosas que os he mandado; y he aquí yo estoy con vosotros todos los días, hasta el fin del mundo. Amén." Mateo 28:19-20

En otro pasaje, Juan apuntó las palabras del Señor Jesús que dijo, *"...Alzad vuestros ojos y mirad los campos, porque ya están blancos para la siega."* Juan 4:35

EL **MANDAMIENTO** SE DA CON CLARIDAD. LA **NECESIDAD** ES OBVIA.

El plan de dar **Por Fe** o **Por Gracia** puede suplir la necesidad de fondos pro-misiones. El plan:

- Provee mas dinero para misiones
- Permite a las iglesias enviar mas misioneros
- Sirve para involucrar a los creyentes como individuos en el ministerio de misiones
- Requiere y se basa en la "fe en Dios"
- Se conecta y depende de los recursos divinos (Filipenses 4:19)
- Permite a la Iglesia tener fondos pro-misiones arriba de los diezmos y ofrendas regulares

El programa de **Dar Por Gracia** funciona de esta manera:

1. **Se reparten tarjetas** "Promesa Por Fe o Gracia a todos los miembros, etc. en un culto de la iglesia. Casi siempre se reparten durante la conferencia de misiones.
2. Cada persona <u>ora y busca la voluntad de Dios</u> en cuanto a **la cantidad** que puede, por fe en Dios, dar arriba de sus diezmos y ofrendas regulares. Esa cantidad se da por fe.

3. Se llena la tarjeta, **anotando la cantidad que se promete dar,** arriba del diezmo y las ofrendas normales (pro-templo, ocasiones y necesidades especiales, etc.). No es necesario apuntar el nombre en la tarjeta o la porción de la tarjeta que se entrega. **No se apuntan los nombres para que nadie sepa quiénes han prometido cuanto.** Mayormente es una decisión que se toma por fe y es un compromiso con Dios. La idea es de confiar en El y Su gracia para la provisión de los fondos. Lo que El provee se da semanalmente o una vez al mes.
4. La iglesia puede anotar la cantidad total y tener así una idea de cuánto habrá disponible para el presupuesto del ministerio de misiones. Me quedé muy impresionado en una iglesia que recibió las tarjetas y luego las destruyeron sin saber cuánto era la suma total que se había prometido. El pastor dijo que la iglesia, como los individuos, tiene que vivir y funcionar por fe.
5. Los miembros **depositan regularmente sus ofrendas "Por Fe"** al tanto que Dios provee. Conviene que haya sobres especial para la ofrenda pro-misiones o por lo menos sobres que tienen donde indicar que es el diezmo, y ofrendas pro-misiones, pro-templo, etc.
6. **Hay que orar siempre y pedirle a Dios que dé la provisión para la ofrenda pro-misiones.**

Esta manera de sostener el ministerio y programa de misiones no es nada nuevo. Ninguna iglesia tiene la obligación de usar este plan. Normalmente se ha visto que la ofrenda "Por fe o por gracia" no afecta negativamente las ofrendas regulares y los diezmos. En algunos casos ha habido aumento en esas otras ofrendas.

Las Bendiciones Son Abundantes:

- Dios se glorifica porque es El que provee fielmente las necesidades de los creyentes y los fondos para la ofrenda pro-misiones.
- La iglesia local goza de mayor capacidad de participar en el cumplimiento de la Gran Comisión.
- Hay más fondos disponibles para sostener o apoyar a los misioneros.
- Dios, al ver la fe del creyente, responde con mas bendiciones para el creyente como individuo (Mateo 6:33).
- El Señor honra la fe (Hebreos 11:6) de la congregación local y provee para la totalidad del ministerio.

APÉNDICE UNO: LA OFRENDA POR-MISIONES, PROMESA DE FE

¿Por qué Comprometerme Para Una Ofrenda "Por Fe"?

Razones bíblicas porque:

1. Para confirmar y demostrar mi amor por Dios. *"No hablo como quien manda, sino para poner a **prueba**... la sinceridad del amor vuestro."* (II Corintios 8:8, 24)
2. Para participar en cumplir la Gran Comisión. En los últimos días del Señor aquí en la tierra El repitió Su mandamiento de llevar el evangelio a todo el mundo. Todavía hay muchas gentes que no tienen el evangelio. Mi ofrenda pro-misiones, "Por Fe" sirve para proveer fundos para enviar mas misioneros con el evangelio. *"¿Y cómo predicarán si no fueren **enviados**?"* Romanos 10:15
3. Para "poner en practica mi fe" en Dios. *"... así también la fe sin obras está muerta."* Santiago 2:26
4. Para "abundar en la gracia de dar." *"Por tanto, como en todo abundáis, en fe, en palabra, en ciencia, en toda solicitud, y en vuestro amor para con nosotros, abundad también en está gracia."* II Corintios 8:7
5. Para seguir los ejemplos bíblicos de dar por fe. Tenemos el ejemplo de la viuda de Sarepta de Sidón que dio a Elías por fe (I Reyes 17:9-15). También tenemos el ejemplo de los creyentes de Macedonia (II Corintios 8).
6. Para seguir **el ejemplo de nuestro Señor Jesucristo.** *"Porque ya conocéis la gracia de nuestro Señor Jesucristo, que por amor a vosotros se hizo pobre, siendo rico, para que vosotros con su pobreza fueseis enriquecidos."* (II Corintios 8:9).
7. Para **seguir el consejo inspirado del Apóstol Pablo**. Pablo dijo, *"Y en esto doy mi **consejo;** porque esto **os conviene** a vosotros, que comenzasteis antes, no solo a hacerlo, sino también quererlo, desde el año pasado. (*II Corintios 8:10)
8. Para experimentar la bendición prometido por el Señor. *"...y recordar las palabras del Señor Jesús, que dijo: **Más bienaventurado es dar que recibir."*** (Hechos 20:35 y Lucas 6:38)
9. Para **animar a otros** a que den por fe. *"...y vuestro celo ha estimulado a la mayoría."* (II Corintios 9:2)
10. Para **segar una cosecha muy abundante** en mi vida. *"Pero esto digo: El que siembra escasamente, también segará escasamente; y el que siembra generosamente, generosamente también segará."* (II Corintios 9:6)

11. Para experimentar el amor de Dios en su plenitud. *"...porque Dios ama al dador alegre."* (II Corintios 9:7)
12. Para poner a prueba el Señor así como El ha dicho, y así aumentar mi fe. *"...y **probadme ahora en esto,** dice Jehová de los ejércitos..."* (Malaquías 3:10)
13. Para glorificar a Dios. *"... pues por la experiencia de esta ministración **glorifican a Dios** por la obediencia que profesáis al evangelio de Cristo, por la liberalidad de vuestra contribución para ellos y para todos..."* (II Corintios 9:13)
14. Para depositar más en mí cuenta en el cielo. *"...sino **haceos tesoros en el cielo**..." Mateo 6:20. "No es que busque dádivas, sino que busco fruto que abunde en vuestra cuenta."* (Filipenses 4:17)
15. Para **agradar a Dios**. *"...lo que enviasteis; olor fragante, sacrificio acepto, agradable a Dios."* (Filipenses 4:18)

Una muestra de una tarjeta para la ofrenda "PROMESA POR FE", pro-misiones:

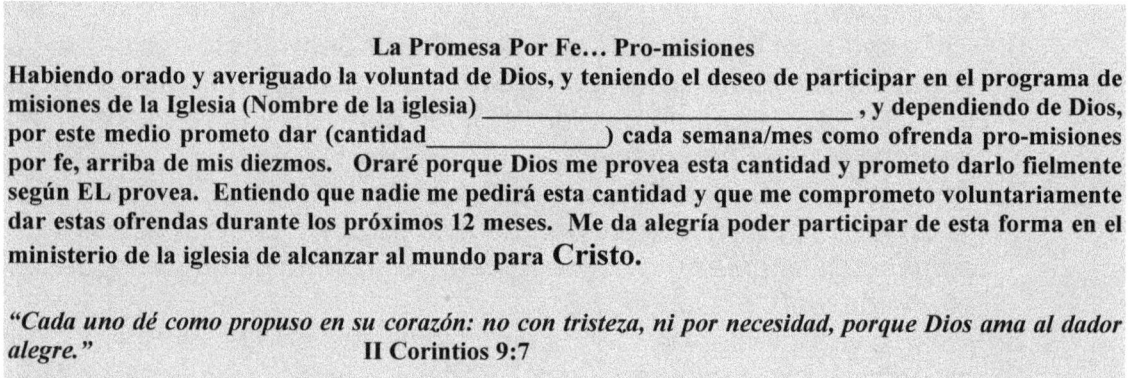

Apéndice Número Dos:

SUGERENCIAS PARA APOYAR ECONÓMICAMENTE A LOS OBREROS NACIONALES

- **Los obreros nacionales que reciben ayuda económica son recomendados por un misionero o un pastor nacional respetado que reside donde o cerca de donde sirve el obrero.** Este requisito permite la verificación de la necesidad y que el obrero es digno de la ayuda. Hay lugares donde esa clase de verificación no será posible ni practico, especialmente en países conocidos como campos cerrados al evangelio.

- Es necesario **evitar pensar que hay países o gentes "demasiado pobres" para proveer el sostén de su pastor o la obra misionera.** Un ejemplo: Las gentes de Las Islas Filipinas son de las más pobres en el mundo, pero hay más de cien misioneros Filipinos enviados y sostenidos económicamente totalmente por iglesias Filipinas. Los hermanos, los pastores y los misioneros Filipinos han aprendido la verdad bíblica en cuanto al "dar" y recibir.

- **El sostén o ayuda económica extranjera para obreros y pastores nacionales debe limitarse en cuanto a tiempo y cantidad.** Una ayuda económica, extranjera limitada que dura un tiempo provisional puede ser de gran beneficio para el comienzo de una obra (iglesia) nueva. A veces la meta es de ayudar en el principio de la obra para que el obrero pueda ganar almas y hacer discípulos sin tener que trabajar en lo secular. Al haber un grupo (aun un grupito de 5-10) de hermanos reuniéndose y que diezman y dan ofrendas, debe haber una porción designada para el sostén del pastor misionero. A la vez que la nueva iglesia pueda contribuir para el sostén del obrero, la cantidad de dinero que llega desde afuera debe ir disminuyéndose. La esperanza es de que al pasar el tiempo la iglesia pueda portar la cantidad de sostén necesario para el obrero/pastor.

- **"El discipular a los nuevos creyentes, enseñándoles el principio de dar y además, que parte de lo que damos está dirigido a sostener a los que dedican su tiempo laboral al ministerio, hace fácil que la nueva iglesia se disponga a sostener a su pastor** (I Timoteo 5:17-18**)."** Pastor Tony Rivera (El Tabernáculo Bautista de San Miguel, El Salvador)

- **Las iglesias extranjeras que desean compartir su abundancia y participar en la obra de plantar nuevas iglesias son sabias si envían su ayuda para obreros nacionales o a través de <u>agencias misioneras, misioneros o iglesias nacionales locales que pueden estar pendientes de la obra.</u>** Seguramente no conviene crear, ni permitir una situación perpetua. La iglesia y su pastor que dependen permanentemente del sostén de afuera no gozan de la autonomía. Algunos pastores nacionales merecen una ayuda económica algo permanente porque están constantemente promoviendo por medio de su ministerio el establecimiento de nuevas iglesias. El sostén suplementario les proporciona lo que pueden necesitan para las actividades adicionales relacionadas con plantar iglesias nuevas.
- Se han levantado, especialmente en los EE.UU. centenares de **agencias que, con buenos motivos, solo apoyan obreros nacionales en el extranjero.** A veces se dice, "Los obreros/pastores nacionales tienen la habilidad de servir en el campo misionero con menos dinero." Algunas de estas organizaciones dan tan poquito a los obreros que ellos y sus familias pasan con grandes necesidades.

Porque hablan el idioma de la gente del lugar y porque conocen bien la cultura y pueden identificarse más fácilmente con la gente, se cree que conviene más mandar todos los fondos misioneros a esos obreros. Ciertamente hay que ser buenos mayordomos con lo que pertenece al Señor, y **hay obreros que son dignos de una ayuda.** Hay obreros que sirven en lugares y con circunstancias muy extraordinarias. Sin embargo, hay también obreros abusivos, hombres que la Biblia llama "asalariados".

Conocimos a un hombre (que había servido por un tiempo como pastor) que logró levantar un dinero porque pudo mandar fotos de unos damnificados que sufrieron perdida a raíz de un huracán. Ciertamente, a los damnificados les hacía falta una ayuda pero el problema fue que el obrero que recibió la ayuda vivía en otro país totalmente diferente. Unos hermanos con corazón grande se conmovieron al ver las fotos que él había enviado, pero no tuvieron manera de verificar que el dinero llegaba a los necesitados. No llegó a los verdaderos damnificados, sino al obrero que en verdad ni era pastor u obrero.

Permítame decir que sé que hay pastores y obreros norteamericanos que "conocen bien la cultura, el hablar, y las costumbres de la gente donde viven pero no por eso son necesariamente dignos de sostén económico. Uno de ellos pasaba mas tiempo jugando al golf que cuidando de sus miembros. No duró mucho tiempo como pastor. Tarde o temprano se revela que son asalariados. Lamentablemente es mucho más difícil descubrir el carácter de un asalariado en el campo donde no se ve obligado dar cuentas a alguien.

- **Conviene que las iglesias bautistas apoyen obreros que son bautistas y que tienen sana doctrina.** Es asombroso ver la cantidad de personas e iglesias bautistas que **envían dinero a individuos e instituciones que no tienen la sana doctrina.** Muchos toman decisiones "emocionales" en vez de guiarse por La Biblia o el Espíritu Santo o aun la constitución de la Iglesia. **Una iglesia no tiene por qué apoyar a un obrero que no está de acuerdo con la posición doctrinal expuesto en la constitución o los artículos de fe de la iglesia.** ¿Qué hay de la práctica, los objetivos y la filosofía de la Iglesia? ¿Tiene el obrero el propósito de establecer o plantar iglesias bautistas? ¿Con cuales grupos o iglesias va a asociarse el obrero o misionero?
- Los pastores y los misioneros tenemos que reconocer que es muy fácil para algunos obreros, sin escrúpulos, acostumbrarse a la ayuda extranjera.
- **Los fondos extranjeros tienen límite, aunque muchos no lo creen.** La economía del mundo no es nada estable. **Solo los recursos del Señor no tienen límite.** Mucho mejor establecer los ministerios sobre **La Roca de la Eternidad, Cristo Jesús.**
- **Las iglesias <u>autónomas</u> se sostienen por medio de los diezmos y ofrendas de los miembros de la congregación, dependiendo del Señor.** No se apoyan en "el brazo del hombre".
- Estimado lector, Dios sí usa a los hombres, a las iglesias locales, y aun a las agencias misioneras para bendecirnos y mover la obra adelante, pero debemos cuidarnos de depositar nuestra confianza en ellos. Los hombres pueden fallar y defraudarnos. El Señor **no** quiere que nosotros dependamos de los hombres.

En II Crónicas 26:1-23 tenemos el ejemplo de Uzías el rey de Judá. La Escritura dice:

*"Y persistió en buscar a Dios en los días de Zacarías, entendido en visiones de Dios; y **en estos días en que buscó a Jehová, él le prosperó."*** (II Crónicas 26:5)

El versículo 15 de este capítulo nos dice que Uzías "fue ayudado maravillosamente, hasta hacerse poderoso." Uzías dejó de buscar a Jehová y confió mejor en sus máquinas, su ejecito, sus yelmos, coseletes, arcos y hondas, etc. (14- 15)

Hay gran peligro y pérdida cuando confiamos en el hombre y no en el SEÑOR. Siempre es mucho mejor depender del Señor.

APÉNDICE NÚMERO TRES:
EL PACTO DE LA IGLESIA – UN MODELO

EL PACTO DE LA IGLESIA

Habiendo sido guiados por el Espíritu Santo a recibir al Señor Jesucristo como nuestro Salvador, y habiendo hecho profesión pública de nuestra fe en EL mediante el bautismo bíblico por sumersión en agua en el nombre del Padre, del Hijo y del Espíritu Santo, ahora solemne y gozosamente formamos este pacto como un cuerpo en Cristo. Prometemos velar los unos por los otros, aconsejarnos los unos a los otros y ayudarnos los unos a los otros en tiempo de enfermedad y angustia. Además, concordamos, por la ayuda del Espíritu Santo, andar juntos en amor cristiano; esforzarnos para que nuestra Iglesia crezca en número y en santidad; defender y mantener su adoración, ordenanzas, disciplina y doctrinas; darle una sagrada pre-eminencia sobre todas las instituciones de origen humano(la familia, el gobierno y la iglesia son de origen divino); contribuir alegre y regularmente por medio de diezmos y ofrendas arriba del diezmo para el sostenimiento del ministerio, los gastos de la Iglesia, el alivio de los pobres, y la predicación del Evangelio a toda criatura. También concordamos mantener tiempos devocionales personales y familiares, educar a nuestros hijos en "La Fe"; procurar la salvación de nuestros familiares y amistades; vivir cuidadosamente en este presente mundo; ser justos en nuestros compromisos y ejemplares en nuestra conducta, evitar calumnias, chismes, murmuraciones y enojo excesivo, abstenernos de todo lo que causaría que nuestro hermano tropezara o que traería reproche sobre la causa de Cristo; y esforzarnos para crecer en la gracia y el conocimiento de nuestro Señor y Salvador, para que en medio de diversas circunstancias busquemos humilde y encarecidamente el honor y la gloria de El que nos amó y se entregó a sí mismo por nosotros. Además, concordamos, que al mudarnos de esta región, buscaremos a y nos haremos miembros de otra iglesia donde podemos llevar a cabo el espíritu de este pacto y los principios de la Palabra de Dios. Amén.

APÉNDICE NÚMERO CUATRO:
LA EXPERIENCIA DE UN GANADOR DE ALMAS

Un hombre se gana para Cristo en su hogar.

Sra. de González: Hola.
Pastor: Hola. ¿Es usted la Sra. de González?
Sra. de González: Si.
Pastor: Yo soy el pastor de La Iglesia Bautista Getsemaní.
Sra. de González: ¿Como esta usted?
Pastor: Su apellido se escribe con dos zetas, ¿Verdad?
Sra. de González: Así es.
Pastor: Y el apellido mío se escribe Nieto. Me pregunto si podemos ser parientes ya que soy Fulano González Nieto. Me es muy interesante que tengamos el mismo apellido.
Sra. de González: Son apellidos muy comunes.
Pastor: Sí son muy comunes. Sra. de González, entiendo que usted asistió a uno de los servicios de nuestra iglesia, recientemente. ¿Es así? ¿Por la mañana el domingo, o por la noche?
Sra. de González: Asistí a los dos servicios.
Pastor: ¿Para los dos servicios? Bueno, que maravilloso que llegó otra vez el domingo por la noche y también el miércoles por la noche. ¿La acompañó su marido?
Sra. de González: No, no asistió él el miércoles. ¿Le gustaría pasar y conocerle?
Pastor: Bueno, gracias, sí me gustaría. Muchas gracias. Que bueno es poder estar a dentro y no estar asoleándome. En verdad hace calor aquí afuera. ¿Quien toca la guitarra?
Sra. de González: José.
Pastor: ¿Verdad?
Sra. de González: Aquí le presento José.
Pastor: Hola José. ¿Cómo está usted?
José: Bien y ¿Como esta usted?

Pastor: Me da mucho gusto conocerle. Yo soy el pastor de La Iglesia Bautista Getsemaní. Le agradecemos el haber nos visitado en la Iglesia el domingo pasado.   Leticia me dice que usted toca la guitarra.   ¿Es cierto?
José: Sí, yo toco la guitarra.
Pastor: ¿Es un hecho entonces?   ¿Toca profesionalmente?
José: Bueno, no toco en ningún lugar actualmente. Antes de trasladarnos para acá tocaba profesionalmente en algunos clubes en la capital.
Pastor: ¿Tocaba regularmente entonces?
José: Si, tocaba más cuando prestaba servicio militar.
Pastor: Bueno, que interesante. Yo admiro al hombre que puede tocar guitarra. Jose, ¿qué clase de guitarra es esta?
José: Es una Yamaha.
Pastor: ¿Una Yamaha? ¿Es una acústica verdad?
José: Bueno, es una japonesa.
Pastor: Es una japonesa.   Maravilloso. ¿Ustedes son recién llegados aquí?
José: Sí, así es.
Pastor: Bueno.   ¿De donde vienen?
José: Venimos de Zacatecoluca. Yo estudiaba allá.
Pastor: Jose, ¿donde estudiaba?
José: Estudiaba en una universidad de ingeniería durante un tiempo pero luego saque unos estudios en La Universidad de Oriente.
Pastor: Usted ha vivido en varios lugares como Zacatecoluca, Usulután y conoce varias cosas—toca guitara y es ingeniero, etc.   Eso es tremendo. ¿Donde trabaja, José?   ¿Tiene trabajo aquí?
José: Si, trabajo con la empresa Rio Grande.
Pastor: ¿Que responsabilidad tiene con la compañía?
José: Trabajo con las computadoras.
Pastor: ¿Dónde aprendió eso?
José: Estudiando en La U de Oriente.
Pastor: Que bueno.   ¿Le gusta el trabajo?
José: Si, me gusta bastante.
Pastor: Mi deseo es que les guste vivir acá. Les extendemos una cálida bienvenida.   Nos alegra de que estén acá y confiamos que gocen de vivir en nuestra ciudad.   También, de parte de nuestra iglesia, les agradezco por

habernos visitado en el culto del domingo pasado. Siempre nos es un gozo tener nuevas personas de visita. Nos alegra de que hayan llegado.

José: Es una iglesia grande pero amigable.

Pastor: Si, es una iglesia muy grande.

José: Gozamos especialmente de la música del coro "Cosecha.

Pastor: Maravilloso. Qué bueno. ¿Sabe? a mí también me gusta la música. Supongo que a usted le gusta la música porque toca la guitara. Creo que verá usted y Leticia que sí tenemos mucha gente, pero creo que descubrirán que tenemos espíritu de una iglesia más pequeña, quizás. No nos portamos como iglesia grande. Realmente somos gente normal y amamos al Señor. Creo que descubrirán, después de estar un tiempo, que la iglesia es como la iglesia que asistía en el pueblo. Espero que nos visiten otra vez. ¿Cómo se llama la iglesia donde era miembro Leticia? ¿Es miembro de alguna iglesia?

Leticia: Sí, en Zacatecoluca. Era miembro de una iglesia bautista pequeña.

PASTOR: ¿Así es? Entonces usted es salva, ¿verdad?

Leticia: Sí, soy salva.

PASTOR: ¿Sabe Leticia que si muriera hoy, iría al cielo?

Leticia: Ciertamente lo sé.

PASTOR: Bueno, es maravilloso. ¿Cuándo se salvó?

Leticia: Cuando tenía trece años.

PASTOR: Que bueno. Me alegra. José, ¿es usted un bautista también?

José: No, yo fui criado en una iglesia católica. Hemos buscado iglesia por aquí. Hemos investigado la religión evangélica.

PASTOR: Entiendo. Entonces, ¿fue criado en la tradición católica romana?

José: Sí.

PASTOR: Mi mamá era católica. Ella se convirtió al evangelio después de que yo comenzara a asistir una iglesia bautista. Ustedes no asisten a la iglesia católica, o ¿sí?

José: Bueno, asistíamos a una iglesia católica en la capital. Fuimos a diferentes iglesias allí. Ahora buscamos una iglesia aquí cerca.

PASTOR: Entiendo. ¿Han asistido a la iglesia católica aquí?

José: Sí, hemos asistido a la iglesia católica.

PASTOR: Bueno, eso es muy interesante. Yo soy cristiano bíblico y bautista, y Leticia también. Usted es católico y ha asistido a la católica y otras buscando la verdad. ¿Saben? una cosa maravillosa es que no necesitan pertenecer a una iglesia para ir al cielo. Si conocen a Cristo Jesús como su Salvador personal pueden ir al cielo.

Yo siempre digo que la iglesia es como la parada de buses. La parada no le lleva a su destino; es, sencillamente un buen lugar para esperar el autobús que sí le lleva a su destino. Así que el transporte para el cielo es el Señor Jesucristo. Mucha gente llega a conoce al Señor estando en la iglesia, pero usted le puede conocerle a El en el camino o en la ruta. Usted puede salvarse en su hogar tan bien como puede salvarse en la iglesia.

Olvidemos por unos minutos, José, que yo soy bautista y que usted es católico, y pensemos en una sola cosa. Sé que en nuestras iglesias bautistas la gente me dice, "Pastor, aunque he sido bautista durante muchos años, no tengo la seguridad de que voy para el cielo." Estoy seguro que haya en la iglesia católica y aun las evangélicas personas que pertenecen a la iglesia, pero como algunos bautistas, ellos no saben que al morir van para el cielo.

Permítame hacerle una pregunta José, "¿Sabe usted que si muriera en este momento iría al cielo?"
José: No creo que alguien pueda saber eso hasta que muera.
PASTOR: Bueno. Entonces usted cree que no se puede saber que uno es salvo hasta morir. ¿Verdad?
Leticia: Estoy seguro que José es cristiano. El lee la Biblia mucho.
PASTOR: Entiendo. Es admirable leer la Biblia. Estoy seguro que por haber estado en la iglesia bautista, la iglesia católica y ahora por estar investigando la religión evangélica, son sinceros y que desean saber la verdad. De eso estoy seguro. José, me impresiona su sinceridad. Le quiero hacer una pregunta. Suponiendo que yo pudiera enseñarle, usando la Biblia, como tener la seguridad de que al morir usted va para el cielo y que una persona bien puede saber que es salvo, ¿Qué haría usted? Si usted pudiera entender eso y que es necesario para ser salvo, ¿Haría lo que la Biblia dice?
José: Sí, creo que lo haría si podemos ponernos de acuerdo en este punto.
PASTOR: En otras palabras, si puede ver que la Biblia enseña que usted puede saber que es salvo, ¿haría lo necesario para salvarse?
José: Sí.
PASTOR: Bueno, dice I Juan 5:13, "Estas cosas os he escrito a vosotros que creéis en el nombre del Hijo de Dios, para que sepáis que tenéis vida eterna, y

APÉNDICE CUATRO: LA EXPERIENCIA DE UN GANADOR DE ALMAS

para que creáis en el nombre del Hijo de Dios." Quiero ir otro poquito más lejos. Entiendo que si usted puede ver lo que hay que hacer y si podemos ponernos de acuerdo en cuanto a lo que la Biblia enseña, usted hará lo que la Biblia dice.

José: Sí, sí sé que hacer según la Biblia.

PASTOR: Hay solo cuatro cosas que saber para ir al cielo. La Biblia dice que la fe viene por el oír y el oír por la Palabra de Dios. Tiene usted la razón. Una persona debe investigar o escudriñar la Palabra de Dios para aprender lo que hay que hacer para ser un cristiano de verdad.

La primera cosa que hay que saber es que somos pecadores. José déjeme enseñarle esto aquí en la Biblia. En Romanos, capitulo tres y el versículo diez, verá que la primera cosa que se menciona es que debemos reconocer que somos pecadores, si vamos a ir al cielo. ¿Ve esto aquí en el pasaje? Romanos 3:10, "Como está escrito: No hay justo, ni aun uno;..."

José: "Justo"

PASTOR: "....Justo..." Así es. "...ni aun uno"... ¿Logra entender esto?

José: Sí.

PASTOR: Ahora, este tercer capítulo, en su totalidad, nos habla de la condición del corazón del hombre. Mire a la última parte del versículo doce. Allí hallamos, "...No hay quien haga lo bueno,..."

José: "...bueno..."

PASTOR: "...bueno..." Correcto. "...No hay quien haga lo bueno, ni siquiera uno." En versículo veinte-tres hay un resumen del capitulo que dice que todos hemos... ¿Qué?

José: "...todos pecaron...."

PASTOR: "todos pecaron y están destituido de... ¿Qué?

José: "...de la Gloria de Dios."

PASTOR: "...la Gloria de Dios." Ahora, lo que esto enseña es que todos, por naturaleza, somos pecadores. Si la Biblia dice que no hay justo, entonces yo no soy justo, ¿Verdad?

José: Sí.

PASTOR: Y si no hay justo, esto significa que Leticia no es justa. Claro, usted ya sabe que ella no es justa. Este versículo enseña que ella no es persona justa. El versículo enseña que no hay persona justa. Esto significa que

Pastor Morales ha pecado.   Significa que Leticia ha pecado, y José ha pecado, porque todos hemos pecado.   ¿Entiende esto?
Jose: Sí.
PASTOR: Así que la primera cosa que sabemos es que todas las personas somos pecadores por naturaleza y hecho y que no hay justo.

La segunda cosa que usted tiene que saber José, es que Dios dice que el pecado tiene precio o paga. Todos somos pecadores y hay un precio que tiene que pagarse por el pecado. Ese precio se halla en el capitulo cinco y el versículo doce.   Note que allí dice, *"Por tanto, como el pecado entró en el mundo por un hombre, y por el pecado la muerte, así la muerte pasó a todos los hombres, por cuanto todos pecaron.* José, ¿Que entró como resultado del pecado?
José: "…la muerte…"
PASTOR: "…por el pecado la muerte…"   ¿Que entró?
José: "…la muerte…"
PASTOR: "…la muerte pasó a todos los hombres, por cuanto todos pecaron." Algo semejante se dice en el capitulo seis y el versículo veinte-tres. *"Porque la paga del pecado es muerte,…"*
José: "…la muerte…"
PASTOR: "…LA MUERTE…"   Correcto.   Bien, hallamos entonces que todos somos pecadores, y hallamos que Dios dice que el pecado tiene precio. El precio del pecado es la muerte.   Ahora le explico lo que esto significa. Dios hizo al hombre y a la mujer y los puso en el huerto de Edén. Los puso en el huerto de Edén y les dijo, *"…De todo árbol del huerto podrás comer; mas del árbol de la ciencia del bien y del mal no comerás."* Dijo Dios, "Adán y Eva, no comerán de ese árbol." Si comen de ese árbol, morirán.   Ellos comieron de ese árbol.   ¿Usted cree eso?   Los católicos creen eso; los evangélicos creen eso; los bautistas creen eso también. Así que comieron de ese árbol.   Cuando comieron, murieron. No cayeron muertos físicamente, en ese momento.   Era primeramente una muerte spiritual, aunque la maldición de la muerte física sí vino sobre el hombre. Inmediatamente, Adán huyó de Dios y fue separado de El. Esto indica que murió espiritualmente.   Si un hombre vive sin Dios, tiene que morir sin Dios. Si un hombre muere sin Dios, tiene que pasar toda la eternidad sin Dios—esto es llamado el infierno.   Esto significa José, que el pecado nos lleva al infierno.

La primera cosa que vemos es que toda persona es pecador. La segunda cosa es, que hay un precio por el pecado, y ese precio es la muerte… la muerte en el infierno. ¿Entiende esto? Esta es la segunda cosa.
José: Sí.
PASTOR: Ahora, hemos visto que yo soy pecador y usted es pecador. ¿Es cierto?
José: Sí.
PASTOR: Y también podemos decir que sin Cristo yo iría para el infierno y que usted también. ¿Esto es cierto también?
José: Sí.
PASTOR: La tercera cosa José, que usted debe saber, se halla en Romanos, capitulo cinco y el versículo ocho, y eso es que Dios ha pagado el precio por nosotros, ya. Mira el capitulo cinco y el versículo ocho: *"Mas Dios muestra su amor para con nosotros, en que siendo aun pecadores, Cristo…"* ¿Hizo que?
José: "…murió por nosotros."
PASTOR: "…murió por nosotros." ¿Qué es la paga del pecado?
José: La muerte.
PASTOR: Muerte. ¿Que es lo que Cristo hizo por nosotros?
José: Murió por nosotros.
PASTOR: Correcto. Esto significa que cualquier que fuera el precio del pecado, Cristo lo pagó todo por nosotros. ¿Es verdad?
José: Sí.
PASTOR: Muy bien. Entonces nosotros somos pecadores; la paga del pecado es muerte y la separación eterna de Dios. Jesús murió por nosotros. Esto significa que Jesús pagó el precio por nuestros pecados. Dios envió a Su Hijo Unigénito al mundo. Él era Dios encarnado. Nació de una virgen. Vivió una vida perfecta, sin pecado. El jamás pecó. Así que El no tenía que ir al infierno, ¿Verdad? Pero al cumplir treinta y tres años aquí en este mundo fue a la cruz. En la cruz El dijo, "Dios mío, Dios mío, ¿porque me has desamparado?" Esto significa que El pagaba el precio por el pecado, los míos y los suyos, José, usted, ¿entiende esto ahora?
José: Sí.
PASTOR: Ahora, José la cuarta cosa que usted debe saber es que si pone su fe en Jesucristo como su Salvador personal, Dios verá su fe y lo tendrá por justicia, y pasará todos los pecados suyos a Jesús y le dará la justicia de El a

usted. Esto significa que en el momento que usted confíe en Cristo Jesús, Dios ve a Jesús con los pecados suyos José, y le ve a usted con la justicia de Cristo Jesús. ¿No sería una cosa maravillosa saber hoy que todos sus pecados se han perdonado?

José: Si, sería bueno. Pero la palabra "fe" es una palabra difícil. Quiero decir que incluye muchas cosas. Uno tiene que vivir de acuerdo con el Antiguo Testamento y los Diez Mandamientos y otras cosas semejantes, y vivir una vida muy buena también. PASTOR: Bueno, creo que es admirable que uno viva una vida buena. Pero lo que pasa cuando se salva, Dios le da el Espíritu Santo y el Espíritu Santo toma morada en usted. Él vive a través de usted y en su vida cristiana. El es como un "niñero" que le cuida a usted.

Ahora, no podemos guardar los mandamientos o vivir una vida buena si no tenemos la ayuda de Dios. Una persona tiene que nacer de nuevo primero; aceptar a Cristo por fe, y cuando confiemos en Cristo el Espíritu Santo mora en nosotros. Entonces Él vive a través de nosotros, obra a través de nuestras vidas y nos ayuda vivir la vida cristiana que debemos vivir. Pero es la "fe" que nos convierte en hijos de Dios.

Ahora, José, permítame preguntar esto: En Romanos 10:9 y 10 se dice, *"... que si confesares con tu boca que Jesús es el Señor, y creyeres en tu corazón que Dios le levantó de los muertos, serás salvo. Porque con el corazón se cree para justicia (por ese creer recibe justicia), pero con la boca se confiesa para salvación."* ¿Ves eso?

José: Sí.

PASTOR: José, permítame preguntarle. ¿Reconoce hoy que es pecador?

José: Sí, reconozco que soy pecador.

PASTOR: ¿Reconoce que porque somos pecadores hay un precio que pagar, y que esto significa que si muriera en este momento iría al infierno? ¿Reconoce esto?

José: Sí, reconozco esto también.

PASTOR: José, esta es una cosa muy seria. Leticia es cristiana, y usted no es cristiano. Si su apartamento se destruyera por fuego en esta noche y los dos pasaran a la eternidad, Leticia iría al cielo y usted iría al infierno. No la vería jamás. Esto me preocupa y me da miedo por usted José. ¿Cree usted José, que Jesucristo tomó sus pecados y murió en la cruz para que usted pueda tener vida eternal?

APÉNDICE CUATRO: LA EXPERIENCIA DE UN GANADOR DE ALMAS

José: Si, lo creo.

PASTOR: ¿Cree, que sí está dispuesto inclinar su cabeza y decir, "Dios, por fe y de corazón sincero confío en Cristo Jesús como mi Salvador personal, y en este momento le recibo a El", que Dios le llevará al cielo cuando muera... si invoca Su nombre en serio?

José: Bueno, sí, creo que lo hará.

PASTOR: Seguramente lo hará. José, inclinemos nuestras cabezas y oremos... y déjeme orar primero que usted acepte a Cristo en esta noche. Inclinemos nuestras cabezas y cerremos nuestros ojos. Padre nuestro que está en el cielo, doy gracias porque José ha escuchado el evangelio. Esta es una pareja joven comenzando la vida juntos. Ellos tienen toda la vida por delante pero más que eso tienen la eternidad por delante. Aquí está Leticia que es cristiana. Ella va para el cielo. Aquí está José. El necesita salvarse. Oro en esta noche pidiéndote que él diga sí a Jesucristo.

José, mientras tengamos las cabezas inclinadas y los ojos cerrados, voy a pedirle que haga algo que Dios quiere que haga. Le pido que hable con Dios usando sus propias palabras, y que le pida a Dios que le perdone, y que le diga que recibe a Jesucristo como su Salvador personal. Adelante. Hágalo José. Dios le ayudará. Adelante, en voz alta. Espero que lo haga.

Bueno José, quizás le cueste orar. Quizás no pueda pensar en las palabras que decir. Voy a pedirle que repita conmigo esta oración. Si de todo corazón y si usted quiere en esta noche recibir a Jesús el Salvador, le pido que diga a Dios, de corazón, ahora, "Querido Señor, perdona mis pecados".

José: Querido Señor perdona mis pecados.

PASTOR: Y sálvame el alma...

José: Y sálvame el alma...

PASTOR: Ten misericordia de mi, pecador que soy.

José: Ten misericordia de mi, pecador que soy.

PASTOR: Yo, ahora, me arrepiento y recibo a Jesucristo como mi Salvador...

José: Yo, ahora, me arrepiento y recibo a Jesucristo como mi Salvador...

PASTOR: Y confío en El para que me lleve al cielo cuando yo muera.

José: Y confío en El para que me lleve al cielo cuando yo muera.

PASTOR: José, mientras tengamos la cabeza inclinada, si usted oró de corazón y recibió a Cristo como su Salvador; haciendo de esta hora la hora más importante de su vida, voy a pedirle que como señal de su decisión, que tome mi mano. Amén. Dios le bendiga.

Padre nuestro que está en el cielo, me alegra que José ha recibido a Cristo esta noche. Me alegra que él haya aceptado al Salvador por fe. Oro ahora que le ayudas reconocer que si él es sincero, su fe le es contado por justicia y él es Su hijo. En el nombre de Jesús oro.

Dios le bendiga, José.

Permítame hacerle una pregunta ahora, José. En el Evangelio de Juan, en a capitulo tres (uno de los capítulos más importantes en la Biblia), quiero que vea un versículo: *"...todo aquel que en él cree, no se pierda, mas tenga vida eterna."* (3:16) José, ¿cree en el Hijo de Dios en esta noche?

José: Sí, creo en El en esta noche...
PASTOR: Según este versículo, ¿A donde iría si muriera en esta noche?
José: Bueno, iría para el cielo.
PASTOR: Correcto. Porque la Biblia lo dice. El cielo es su esperanza. Jose, mire a Leticia y diga, "Leticia, yo acabo de hacerme cristiano."
José: Yo acabo de hacerme cristiano.
PASTOR: ¿No es esto maravilloso? Esto sí es maravilloso. Dios le bendiga Jose.

José, ahora que ha recibido a Cristo como su Salvador, el siguiente paso es llegar al culto de la iglesia y permitirme decirles a las personas que has recibido a Cristo. Esto no significa que está haciéndose miembro de la iglesia, solo es decir a todo el mundo que ahora es cristiano. ¿Está dispuesto llegar el domingo al servicio de la iglesia, y durante la invitación al final del culto, iría al altar y permitirme decir a la gente lo que ha pasado en su hogar ahora?
José: Creo que podemos hacer eso.
PASTOR: Bueno, ¿le promete a Dios hacerlo?
José: Bueno, sí, sí lo haré.
PASTOR: Inclinemos la cabeza y diga esta oración: Querido Señor...
José: Querido Señor...
PASTOR: Prometo...
José: Prometo...
PASTOR: Que iré al altar...
José: Que iré al altar...
PASTOR: En La Iglesia Bautista Getsemaní.

APÉNDICE CUATRO: LA EXPERIENCIA DE UN GANADOR DE ALMAS

José: En La Iglesia Bautista Getsemaní.
PASTOR: El domingo que viene.
José: El domingo que viene.
PASTOR: Amen.
José: Amen.
PASTOR: Dios le bendiga José. Creo que el teléfono mío está sonando. Es el Pastor Rivera que me está llamando. Seguramente llama para recordarme de la reunión de líderes de la iglesia ahora. Yo me voy. Voy a llegar tarde. Espero que no me vayan a despedir antes que llegue. Que gusto haberles conocido. Leticia, que gusto conocerle a usted. Dios les bendiga. Les veré el domingo por la mañana. Adiós.

¡QUE BENDICIÓN! ¡GRACIAS A DIOS!

Lecciones:
1. El pastor "hizo la visita". Cuantas personas cristianas nunca visitan a los inconversos. **Hay que salir a ganar almas "a propósito"**.
2. **Se identificó** como pastor de La Iglesia Bautista Getsemaní.
3. No **pasó mucho tiempo entre la visita de Leticia a la Iglesia y la visita del Pastor.** Hay que aprovechar el momento oportuno. Hubo porque visitaron la Iglesia.
4. Notemos que el pastor "trató amablemente a la gente". **Hay que demostrar un interés y amor sincero.** La gente reconoce pronto cuando nuestro amor no es genuino.
5. El pastor tomó tiempo para hablar de lo que les "interesaba a ellos". **El conversó con ellos para ganar su confianza y para conocerles mejor.**
6. **El no atacó a ellos, la música mundana de José, etc. o las religiones de ellos.** Probablemente no le hubiera ganado a José si le hubiera criticado por haber visitado la iglesia católica. No hay que hablar mal de otras iglesias y de otras religiones. Hermanos, no debemos promover nuestra iglesia por medio de criticar a otras. Nunca me ha gustado que un vendedor de productos me hable de los "defectos de los productos de su competencia." Es mejor que hablemos de las ventajas de conocer a Cristo y las cosas positivas de nuestra iglesia.

7. **La presentación del evangelio era cosa "positiva".** El pastor les habló del amor de Dios.
8. El pastor **"no comparó las enseñanzas de las iglesias".**
9. El pastor **"concentró en lo más importante... la necesidad de José, y el evangelio".**
10. El pastor **"no habló a José con 'desprecio', sino con respeto".**
11. Le presentó a José, en forma **sencilla, "el plan de la salvación".**
12. Se tocaron los puntos del plan:
    a. **Que somos pecadores**
    b. **Que el pecado tiene precio... la muerte espiritual**
    c. **Que Cristo, siendo el Hijo Unigénito de Dios, murió en nuestro lugar y pagó por nuestros pecados**
    d. **Que es necesario confiar en Cristo como Salvador Personal**
    e. **Que la persona que reconoce su pecado y su condición de condenado puede recibir a Cristo**
    f. **Que uno recibe a Cristo por creer de corazón en El.** Normalmente hay una oración reconociendo nuestro pecado. La oración permite la expresión verbal de la fe y permite que uno pida perdón. También el pecador perdonado expresa su gratitud al Señor por haberle salvado.
    g. **Que Dios promete salvar todo aquel que recibe a Cristo, Su Hijo**

13. El pastor le ayudó **"con la oración".** No le "avergonzó", preguntando, ¿"No sabe usted orar?
14. El enfatizó la **'importancia de orar de corazón sincero".**
15. No dijo, "Usted es salvo", sino **"Según lo que dice la Biblia", ¿Es usted salvo?" Es importante que el individuo base la salvación en la Escritura** y no la palabra del ganador de almas.
16. El pastor le dijo a José después de aceptar a Cristo, que **dijera a su esposa Leticia que había recibido a Cristo como Salvador.** Es importante que el individuo exprese en sus propias palabras lo que ha hecho. Al decir, "He recibido a Cristo o que se ha hecho cristiano", la decisión se confirma en la mente y el corazón.
17. Si hubo alguien que le acompañó al pastor no se menciona y definitivamente no interrumpió al pastor. **Siempre hay que designar**

quien va a hablar. El compañero debe mantener sin hablar y estar en una actitud de oración.
18. El pastor le **"animó a José hacer una profesión publica de su fe"**. Le animó, pero también logró que prometiera ir a la iglesia y dar testimonio de haber recibido a Cristo durante la invitación.
19. El pastor oró con ellos.
20. Se despidió de ellos diciendo que esperaba verlos en la Iglesia.

Probablemente haya otras lecciones que aprender de la experiencia de este pastor. Anótelas usted. Hay que utilizarlas cuando busque ganar las personas para Cristo y enseñarlas a los nuevos discípulos.

¡Vayamos A Ganar Almas!

"Los que sembraron con lagrimas con regocijo segarán. Irá andando y llorando el que lleva la preciosa semilla. Más volverá a venir con regocijo, trayendo sus gavillas." Salmo 126:5-6

IGLESIAS AUTONOMAS

APÉNDICE NÚMERO CINCO:
UNA CONSTITUCIÓN QUE SIRVA DE MODELO

LA CONSTITUCIÓN DE LA
Iglesia Bautista Internacional

EN CUALQUIER PUEBLO DEL MUNDO

ARTÍCULO 1 - NOMBRE Y PROPÓSITO:

SECCIÓN 1.01 - NOMBRE

El nombre de esta iglesia será: IGLESIA BAUTISTA INTERNACIONAL, Inc.

SECCIÓN 1.02 - PROPÓSITO

El propósito de la Iglesia Bautista Internacional es cumplir los mandamientos del Señor Jesucristo dados en la Santa Escritura (la Palabra de Dios) que incluyen 1. La predicación de las buenas nuevas de la salvación (el Evangelio) con el propósito de ganar a los no-creyentes para el Señor. 2. Mantener cultos regulares para la adoración, oración, y compañerismo de los cristianos. 3. Administrar las ordenanzas de la iglesia, las cuales son el bautismo (por inmersión en agua) de los creyentes y la cena del Señor. Además esta congregación se organiza como una iglesia exclusivamente para las finalidades caritativas, espirituales y educativas dentro del significado de la sección…(según la constitución del país donde se establece la iglesia) incluidas, pero no limitado a, para tales finalidades, el establecimiento y mantenimiento de veneración religiosa, el edificar iglesias, la educación de los creyentes de una manera compatible con los requisitos de las Sagradas Escrituras, tanto en domingo como en días hábiles en las escuelas de educación cristiana; y el mantenimiento de las actividades misioneras.

ARTÍCULO 2 - DECLARACIÓN DE FE Y PACTO

SECCIÓN 2.01 - DECLARACIÓN DE DOCTRINAS

(A) LAS ESCRITURAS

1. Creemos que la Santa Biblia fue escrita por hombres divinamente inspirados; que por contenido tiene la verdad sin ninguna mezcla de error, y por lo tanto, es y será hasta la consumación de los siglos la única revelación completa y final de la voluntad de Dios para el hombre, el centro verdadero de la unión cristiana y norma suprema a la cual se debe sujetar todo juicio que se forme de la conducta, las creencias y las opiniones humanas.

2. Por "La Santa Biblia" queremos decir la colección de los sesenta y seis libros desde Génesis hasta Apocalipsis que, como fue escrita originalmente, no solamente contiene y transmite la Palabra de Dios, sino que es la misma Palabra de Dios.

3. Por "inspirados" queremos decir que los libros de la Biblia fueron escritos por hombres santos de Dios, siendo movidos por el Espíritu Santo de una manera tan definida que sus escritos fueron inspirados sobrenatural y verbalmente, y libres de error como nunca otros escritos han sido o serán inspirados.

4. Creemos que Dios preservó Su Santa Palabra y para todos los cultos públicos, incluyendo estudios bíblicos y cultos especiales nosotros usaremos la versión "Reina-Valera 1960".

2ª Timoteo 3:16-17; 2ª Pedro 1: 19-21; Hechos 1:16; 28:25; Salmo 119: 89, 105, 130, 160; Salmos 12:6-7; Lucas 24:25-27; Juan 17:17; Lucas 24:44-45; Proverbios 3:5-6; Romanos 3:4; 2ª Pedro 1:23; Apocalipsis 22:19; Juan 12:48; Isaías 8:20; Efesios 6:17; Romanos 15:4; Lucas 16:31; Salmo 19:7-11; Juan 5:45-47; Juan 5:39.

(B) EL DIOS VERDADERO

1. Creemos que hay un Dios viviente y verdadero, y solamente éste es Espíritu infinito e inteligente, Hacedor y Árbitro supremo del cielo y de la tierra, indeciblemente glorioso en santidad y merecedor de toda honra, confianza y amor posibles.

2. Creemos que en la unidad de la Divinidad existen tres personas que son el Padre, el Hijo, y el Espíritu Santo, iguales estos en toda perfección divina, desempeñan oficios distintos, pero que armonizan en la grande obra de la redención.

Éxodo 15:11; 20:23; Salmos 83:18; 90:2; 147:5; Jeremías 10:10; Mateo 28:19; Marcos 12:30; Juan 4:24; 10:30; 15:26; 17:5; Hechos 5:3-4; Romanos 11:23; 1ª Corintios 2:10-11; 8:6; 12:4-6; 2ª Corintios 13:14; 1ª Timoteo 1:17; Apocalipsis 4:11.

APÉNDICE CINCO: UNA CONSTITUCIÓN QUE SIRVA DE MODELO

1. DIOS, EL PADRE

Creemos que Dios es el Padre, ambos en su relación con el Hijo, dentro de la Trinidad, y en su relación para con los que reciben a Jesucristo como Salvador; que ÉL ordena todas las cosas de su propia voluntad; que ÉL es vivo y activo en los asuntos de los hombres, oyéndoles y contestándoles la oración, por su misericordia; que ÉL es omnipotente, omnisciente y omnipresente en el universo y que ÉL es el único objeto de nuestra adoración y alabanza.

Salmos 65:2; 139:1-24, 147:5; Mateo 5:45, 6:24-34; Juan 14:6; 1ª Timoteo 2:5.

2. DIOS, EL HIJO

Creemos que Jesucristo es el Hijo de Dios y Dios el Hijo, que nació de María virgen por obra del Espíritu Santo, y por lo tanto es Dios manifestado en carne, teniendo los mismos atributos divinos y oficios que el Padre.

También creemos que vivió una vida perfecta y sin pecado aquí en la tierra, murió por nuestros pecados, resucitó corporalmente, ascendió al cielo para interceder por nosotros, y que viene otra vez a juzgar al hombre, y establecer su reino en la tierra.

Génesis 3:15; Salmo 2:7; Isaías 7:14; 9:7; Mateo 1:18-25; Lucas 1:35; Marcos 1:17; Juan 1:14; 1ª Corintios 15:47; Gálatas 4:4; 1ª Juan 5:20.

3. EL ESPÍRITU SANTO

Creemos que el Espíritu Santo es una persona Divina, igual a Dios el Padre y al Hijo y de la misma naturaleza. Que tomó parte activa en la creación.

Creemos que en relación con el mundo entero, ÉL detiene al inicuo hasta que el propósito de Dios se cumpla; convence de pecado, de justicia, y de juicio; que es el Autor e intérprete de las Escrituras.

Creemos que testifica de la verdad del Evangelio en la predicación y testimonio; que ÉL es el agente en el nuevo nacimiento, que sella, unge, guía, enseña, testifica, santifica, y ayuda al creyente.

Creemos que ÉL mismo bautiza a todos los creyentes verdaderos en el cuerpo de Cristo; que mora en ellos y los santifica, sella y asegura para el día de la redención; que ÉL da poder y consuelo, guía, enseña y ayuda a los creyentes; que es el privilegio y el deber de los cristianos ser llenos del Espíritu y cultivar en sus vidas el fruto del Espíritu que es amor, gozo, paz, paciencia, benignidad, bondad, fe, mansedumbre y templanza.

Creemos que las Santas Escrituras enseñan que el convertido recibe el don del Espíritu Santo al creer el evangelio. El Espíritu Santo enriquece la Iglesia (El Cuerpo de Cristo) con dones espirituales, repartiendo a cada uno como ÉL quiere; no todos reciben los mismos dones pero ninguno recibe el Espíritu Santo por medida. También creemos que algunos de estos dones, como el hablar en otras lenguas y hacer milagros de curación u otro tipo, cesaron una vez que los escritos del Nuevo Testamento fueron completados, y su autoridad se estableció.

Mateo 28:19; Hebreos 9:14; Lucas 1:35; 3:16; 24:49; Génesis 1:1-3; 2ª Tesalonicenses 2:7,13; Juan 1:33; 3:5-7, 11, 34; 4:48; 14:16-17,26; 15:26-27; 16:7-26; Hechos 5:30-32; 11:16; 1ª Corintios 12:4-11, 27-30, 13:8-10, 14:12, 22; 2ª Corintios 13:14; Efesios 1:13-14, 2:18, 4:7-12, 30; 5:18; Marcos 1:8, 14:26; Romanos 8:14, 16, 26-27; Gálatas 5:22-23; Hebreos 2:1-4; 1ª Pedro 1:2, 23.

(C) EL DIABLO

Creemos que el diablo antes gozaba de privilegios celestiales, pero por su orgullo y ambición de ser como el Altísimo, cayó y arrastró con él a una gran multitud de ángeles, y que es ahora el maligno, príncipe de la potestad del aire y el impío dios de este mundo. Creemos que es el gran tentador de la humanidad, el enemigo de Dios; el acusador de los santos, el autor de toda religión falsa, el poder principal tras la apostasía presente, el señor del anticristo y el autor de todos los poderes de las tinieblas. No obstante creemos que está destinado a ser vencido en las manos del Hijo de Dios y reservado a un justo y eterno juicio en el infierno—un lugar para él y sus ángeles.

Isaías 14:12-15; Ezequiel 28:14-17; Judas 6; 2ª Pedro 2:14; Efesios 2:2; Juan 14:30; 1ª Tesalonicenses 3:5; Mateo 4:1-3; 13:25,39; 25:41; 1ª Pedro 5:8; 1ª Juan 2:22; 3:8; 4:3; Lucas 22:3-4; 2ª Corintios 11:13-15; Marcos 13:21-22; 2ª Juan 7; Apocalipsis 12:7-10; 13:13-14; 19:11, 16, 20; 20:1-3; 2ª Tesalonicenses 2:8-11.

(D) LA CAÍDA DEL HOMBRE

Creemos que el hombre fue creado en santidad, sujeto a la ley de su Hacedor; pero que por la transgresión voluntaria cayó de aquel estado santo y feliz; por cuya causa todo el género humano es ahora pecador, por naturaleza y por voluntad; y por lo tanto está bajo justa condenación, sin defensa ni excusa que le valga.

Génesis 3:16, 24; Romanos 1:18, 20, 28, 32; 3:10-19; 5:19, 24; Efesios 2:1,3; Ezequiel 18:19-20; Gálatas 3:22

(E) LA EXPIACIÓN DEL HOMBRE

Creemos que la salvación de los pecadores es puramente gratuita, en virtud de la obra intercesora del Hijo de Dios; quien cumpliendo la voluntad del Padre, se hizo hombre, empero exento de pecado; honró la ley divina con su obediencia personal, y con su muerte dio completa expiación vicaria por nuestros pecados.

Creemos que su expiación consiste no de poner un ejemplo con su muerte como mártir, sino que fue una substitución voluntaria de El mismo en lugar del pecador, el Justo muriendo por los injustos, Cristo el Señor, llevando nuestros pecados en su cuerpo sobre el madero.

Creemos que habiendo resucitado de entre los muertos se entronizó en los cielos; y que reúne en su persona admirable, las simpatías más tiernas y las perfecciones divinas, teniendo así por todos los motivos las cualidades que requiere un Salvador idóneo, compasivo y omnipotente.

Efesios 2:8; Hechos 15:11; Romanos 3:24-25; Juan 3:16; 10:11; Mateo 18:11; Filipenses 2: 7-8; Hebreos 2:14; 7:25; 9:12-15; 12:2; Isaías 53:4-7, 11-12; 1ª Juan 4:10; 1ª Corintios 15:3, 20; 2ª Corintios 5:21; Gálatas 1:4; 1ª Pedro 2:24; 3:18.

(F) ARREPENTIMIENTO Y FE

Creemos que son deberes sagrados el arrepentimiento y la fe, y que son gracias inseparables, labradas en el alma por el Espíritu Santo, Regenerador Divino, mediante los cuales, profundamente convencidos de nuestra culpa, de nuestro peligro y de nuestra impotencia, como también de lo referente al Camino de la Salvación mediante Cristo, nos volvemos a Dios sinceramente, reconociendo a la vez, al Señor Jesucristo como Profeta, Sacerdote, y Rey nuestro, en quien exclusivamente confiamos en calidad de Salvador único y omnipotente.

Salmo 51:7; Isaías 55:6-7; Marcos 1:15; Hechos 2:37-38; 20:21; Lucas 12:8; 18:13; Romanos 10:9-11; 19:13.

(G) LA REGENERACIÓN

Creemos que para ser salvos hay que ser regenerados o sea, nacer de nuevo; que el nuevo nacimiento es una nueva creación en Cristo Jesús; que es instantánea y no progresiva; que en el nuevo nacimiento el muerto en delitos y pecados es hecho partícipe de una naturaleza divina y recibe vida eterna—el don gratuito de Dios.

Creemos que la nueva creación es realizada fuera del alcance de nuestro entendimiento, no por cultura, ni por carácter, ni por voluntad humana, sino sólo y completamente por el poder del Espíritu Santo en conexión con la verdad divina, consiguiendo así que voluntariamente obedezcamos al evangelio; y se vea evidenciada realmente en los santos frutos de arrepentimiento, fe y nueva vida.

Juan 1:12-13; 3:3, 6-7; 2ª Corintios 5:17, 19; Lucas 5:27; 1ª Juan 5:1; Hechos 2:41; 2ª Pedro 1:4; Romanos 6:23; Efesios 2:1; 5:9; Colosenses 2:13; Gálatas 5:22-23.

(H) LA JUSTIFICACIÓN

Creemos que la justificación es el bien evangélico que asegura Cristo para los que en Él tengan fe, que esta justificación incluye el perdón de pecados, y el don de la vida eterna de acuerdo con los principios de la justicia.

Creemos que Jesucristo da esta justificación exclusivamente mediante la fe en Él, no por consideración de ningunas obras de justicia que hagamos; imputándonos Dios gratuitamente por esta fe, la justicia perfecta de Cristo; que nos introduce a un estado altamente bienaventurado de paz y favor con Dios y ahora y para siempre hace nuestros los demás bienes que hubieran menester.

Hechos 13:39; Isaías 53:11; Zacarías 13:1; Romanos 1:17; 4:1-8; 5:1, 9; 8:1; Tito 3:3-7; Habacuc 2:4; Gálatas 3:11; Hebreos 10:38.

(I) LA SANTIFICACIÓN

Creemos que la santificación es el procedimiento mediante el cual se nos hace partícipes de la santidad de Dios, según la voluntad de éste; que es obra progresiva, que principia con la regeneración, que la desarrolla en el corazón fiel, en la presencia y el poder del Espíritu Santo, Sellador y Consolador.

Creemos que para este fin se emplean continuamente los medios señalados, sobre todo, la Palabra de Dios, y también el examen propio, la abnegación, la vigilancia y la oración, practicando todo ejercicio y cumpliendo todo deber piadoso.

1ª Tesalonicenses 4:3; 2ª Tesalonicenses 2:13; 2ª Pedro 1:2; Deuteronomio 15:19; Romanos 15:16; Ezequiel 36:23; Efesios 5:26; 2ª Timoteo 2:21; 1ª Pedro 3:15

(J) LA SEGURIDAD DE LA SALVACIÓN

Creemos que los verdaderos regenerados, los nacidos del Espíritu, no apostatarán para perecer irremediablemente, sino que permanecerán hasta el fin; que su adhesión perseverante a Cristo es la señal notable que los distingue de los que superficialmente hacen profesión de fe.

Creemos que por el bien de ellos ve la Providencia; y que son custodiados por el poder de Dios para la Salvación mediante la fe.

Salmo 121:3; Mateo 6:30; Juan 8:31-32; 10:28-29; Romanos 8:35-39; Colosenses 1:21-23; 1ª Juan 2:19: Hebreos 1:14; 1ª Pedro 1:5; Filipenses 1:6.

(K) EL CARÁCTER GRATUITO DE LA SALVACIÓN

Creemos que la salvación se ofrece gratuitamente con todas sus bendiciones a todo ser humano, por medio del Evangelio, que es la presentación fiel de la muerte y resurrección de Cristo en propiciación a Dios.

Creemos que es el deber inmediato de todos aceptarla con fe sincera, penitente y obediente y que nada impide la salvación del más vil pecador sino su propia maldad y su rechazo voluntario de Cristo, lo cual lo pone en la perdición más grande y agravada.

Colosenses 3:12-13; Romanos 8:32; 10:13; Mateo 11:28; Isaías 55:1, 6, 7; Apocalipsis 22:17; Hechos 2:38; Juan 3:15-18, 36; 5:40; 6:37; 1ª Timoteo 1:15; 2:6; 1ª Corintios 8:11; 15:10; Efesios 2:4-5; 5:2; Hebreos 2:9; 1ª Juan 2:2.

(L) LA IGLESIA

Creemos que la iglesia de Cristo es una congregación de creyentes bautizados y asociados por un pacto de fe y compañerismo en el Evangelio; observando las ordenanzas de Cristo; es una congregación gobernada por sus leyes y ejerciendo sus dones, derechos y privilegios investidos en ellos por la Palabra de Dios.

Creemos que sus oficiales ordenados son: pastores o ancianos y diáconos cuyas calificaciones, derechos y deberes son descritos en las Escrituras; creemos que la verdadera comisión de la iglesia se halla en la "Gran Comisión"; primero: hacer discípulos individuales; segundo: edificar a la iglesia; tercero: enseñar e instruir como Él lo ha mandado.

Creemos que la iglesia local tiene derecho absoluto de gobierno por sí misma, libre de toda intervención jerárquica de individuos o de congregaciones; y que el único y sólo superintendente es Cristo, y que es bíblico que iglesias verdaderas cooperen las unas con las otras por la fe y la propagación del evangelio; que cada iglesia es su única y propia medida y método de dicha cooperación y que en asuntos de membrecía, orden, gobierno, disciplina, y benevolencia, la iglesia local es determinante.

Mateo 28:19-20; Hechos 2:41-42; 6:5-6; 14:23; 15:22-23; 20:17-28; 1ª Corintios 5:11--6:3; 11:2; 12:4, 8-11; 16:1; Efesios 1:22-23; 4:11-12; 5:23-24; 1ª Timoteo 3:1-7; 8-13; Colosenses 1:18; 1ª Pedro 5:1-4; Judas 3-4; 2ª Corintios 8:23-24; Malaquías 3:10; Levítico 27:32

(M) LOS DIEZMOS Y OFRENDAS

Creemos que la única manera bíblica de sostener la iglesia local es por los diezmos y las ofrendas voluntarias de los miembros de la iglesia.

(1) El Diezmo – Creemos que la escritura enseña que el diezmo es un mandato, lo cual es el 10% de todo nuestro ingreso bruto, pertenece a Dios y por lo tanto el cristiano no debe usarlo para su propio beneficio. Cada hijo de Dios, para ser obediente a Dios, debe dar el diezmo (10%) de todo su ingreso bruto a Dios a través de la iglesia.

(2) Las ofrendas – Después de haber dado el diezmo a Dios, cada hijo de Dios tiene el privilegio de ofrendar voluntariamente "según haya prosperado", y lo debe hacer con alegría, amor, y sacrificio.

Génesis 14:20; 28:22; Levítico 27:30; 1ª Crónicas 29:11-14; Proverbios 3:9-10; Malaquías 3:8-11; Mateo 23:23; 2ª Corintios 8:1-4, 7; 9:6-8; 1ª Corintios 16:1-4; Hechos 4:34-35, 37; Hebreos 7:6-9.

(N) LAS ORDENANZAS. EL BAUTISMO Y LA CENA DEL SEÑOR
Creemos que el bautismo cristiano es por inmersión, sumersión, y emersión del creyente en agua, para mostrar simbólicamente, su fe en El crucificado, sepultado, y resucitado Salvador, con sus efectos en nuestra muerte al pecado y resurrección a una nueva vida. Creemos que el bautismo es el primer acto de obediencia del cristiano. Creemos que es un requisito para poder gozar de los privilegios de la iglesia.
Creemos que la Cena del Señor es la conmemoración que simboliza simplemente el cuerpo y la sangre de Cristo en la muerte hasta que El venga; que no hay enseñanzas en la Biblia de cuántas veces debemos tomar la Cena, pero debe ser siempre precedida por un solemne auto-examen del creyente.

Hechos 2:41-42; 1ª Corintios 11:23-34; Mateo 26:26-29; Marcos 14:22-24; Lucas 22:7-20.

(O) LA OBRA MISIONERA
Creemos que la única esperanza de salvación es Cristo y que la comisión de evangelizar al mundo fue dada a la iglesia; y que esta comisión incluye: "el hacer discípulos", "bautizarles", y "enseñarles" todas las cosas que ÉL mandó según los evangelios.

Mateo 28:18-20; Marcos 16:15; Juan 20:21; Hechos 1:8; Romanos 10:13-15.

(P) LA SEGUNDA VENIDA DE CRISTO
Creemos en la segunda venida pre-milenaria de Cristo, que es eminente e inminente y será visible, personal, y corporal.

Creemos que Cristo aparecerá en las nubes, y que los muertos en Cristo resucitarán primero; los creyentes vivos serán transformados, y todos serán llevados para estar con Él en el Tribunal de Cristo y Las Bodas del Cordero.

Creemos que entonces habrá gran tribulación en la tierra, con grande aflicción para el pueblo de Israel. Existirá una iglesia grande, mundial, falsa y se levantará el Anticristo quien establecerá su reino mundial y se hará pasar por Dios.

Creemos que después Cristo vendrá con gran gloria y poder; y con sus santos destruirá a sus enemigos, y arrojará a Satanás al abismo; el pueblo de Israel será convertido y Cristo establecerá su reino milenario.

Creemos que después del milenio los cielos y la tierra serán quemados. Que en el Gran Trono Blanco, Cristo juzgará a los incrédulos, quienes serán echados en el lago de fuego eterno.

Creemos que entonces Cristo entregará el reino a su Padre, cuando haya suprimido todo dominio, potestad y potencia. La nueva ciudad Jerusalén descenderá a la nueva tierra donde Dios pondrá Su trono, viviendo para siempre con sus redimidos.

Mateo 28:6; Juan 20:27; 1ª Corintios 15:4, 25, 42-44, 51-53; Marcos 16:6, 19; Hechos 1:9-11; Apocalipsis 3:21; 20:1-4, 6; Hebreos 8:1; 1ª Tesalonicenses 4:16-17; Filipenses 3:20-21; Lucas 1:32; 24:2-7, 39, 51; Isaías 11: 4-5; Salmo 72:8

(Q) RELACIONES FAMILIARES

Creemos que los hombres y las mujeres son espiritualmente iguales ante Dios pero que Dios ha ordenado las funciones espirituales diferenciadas y separadas para los hombres y las mujeres en el hogar y la iglesia. El esposo será el líder del hogar y los hombres serán los líderes (pastores y diáconos) de la iglesia. En consecuencia, sólo los hombres reúnen los requisitos para el recibimiento de licencias y la ordenación por la iglesia.

Gálatas 3:28; Col. 3:18-21; 1ª Timoteo 2:8-15; 3:4-5, 12.

Creemos que Dios ha ordenado la familia como la institución base de la sociedad humana. El esposo amará a su esposa según Cristo ama la iglesia. La esposa se someterá al liderazgo bíblico de su esposo igual que la iglesia se somete a la jefatura de Cristo. Los niños son un patrimonio del Señor. Los padres se encargan de la enseñanza de sus hijos en los valores espirituales y morales y de conducirlos, mediante el ejemplo de su modo de vida uniforme y de la disciplina apropiada, incluida la corrección corporal bíblica.

Génesis 1: 26-28; Éxodo 20: 12; Deuteronomio 6: 4-9; Salmo 127: 3-5; Proverbios. 19: 18; 22: 15; 23: 13-14; Marcos 10: 6-12; 1ª Corintios 7: 1-16 Efesios 5: 21-33; 6: 1-4, Colosenses 3: 18-21; Hebreos 13: 4; Apocalipsis 3: 1-7)

(R) LA CREACIÓN

Creemos que Dios creó el universo en seis períodos literales, de veinticuatro horas. Rechazamos la evolución, la Teoría de la Brecha, la Teoría de Día-Edad y la Evolución Teística como teorías no bíblicas del origen.

Génesis 1 y 2; Éxodo 20:11.

(S) GOBIERNO CIVIL

Creemos que Dios ha ordenado y creado a toda la autoridad que consta de tres instituciones básicas: 1) el hogar, 2) la iglesia y 3) el estado. Cada persona está sujeta a estas autoridades, pero todo (incluidas las autoridades mismas) son responsable ante Dios y se rigen por Su Palabra. Dios le ha dado a cada institución responsabilidades bíblicas específicas y equilibrado esas responsabilidades a condición de que ninguna institución tenga el derecho de usurpar a la otra. El hogar, la iglesia y el estado son iguales y soberanos en sus esferas asignadas bíblicamente respectivas de la responsabilidad con Dios.

Romanos 13: 1-7; Efesios 5: 22-24; Hebreos 13: 17; 1ª Pedro 2: 13-14.

(T) SEXUALIDAD HUMANA

Creemos que Dios ha comandado que ninguna actividad sexual íntima se realice fuera del matrimonio entre un hombre y una mujer. Creemos que cualquier forma de homosexualidad, el lesbianismo, bisexualidad, la bestialidad, el incesto, fornicación, adulterio y la pornografía son perversiones pecaminosas. Creemos que Dios desaprueba y prohíbe cualquier intento de alterar su género por la operación quirúrgica o apariencia.

Génesis 2: 24; Génesis 19: 5, 13; Génesis 26: 8-9; Levítico 18: 1-30; Romanos 1: 26-29; 1ª Corintios 5: 1; 6: 9; 1ª Tesalonicenses 4: 1-8; Hebreos 13: 4.

Creemos que el único matrimonio legítimo es la unión de un hombre y una mujer.

Génesis 2: 24; Romanos 7: 2; 1ª Corintios 7: 10; Efesios 5: 22-23.

(U) DIVORCIO Y NUEVO MATRIMONIO

Creemos que Dios desaprueba y prohíbe el divorcio y concibe el matrimonio para durar hasta que muera uno de los cónyuges. Divorcio y el nuevo matrimonio se consideran un adulterio excepto por motivos de fornicación. Aunque las personas divorciadas y los que se han vuelto a casar pueden ocupar puestos de servicio en la iglesia y Dios las usa enormemente para el servicio cristiano, no pueden considerarse para los oficios de pastor o diácono.

Malaquías 2: 14-17; Mateo 19: 3-12; Romanos 7: 1-3; 1ª Timoteo 3: 2, 12; Tito 1: 6.

(V) EL ABORTO

Creemos que la vida humana empieza en la concepción y que el niño que todavía no ha nacido es un ser humano vivo. El aborto constituye el injustificado, no excusado acto de quitar la vida humana que todavía no ha nacido. El aborto es asesinato. Rechazamos cualquier enseñanza que los abortos de los embarazos debidos a la violación, el incesto, los defectos congénitos, la selección de géneros, el nacimiento o el control de poblaciones, o el bienestar físico o mental de la madre son aceptables.

Job 3: 16; Salmos 51: 5; 139: 14-16; Isaías 44: 24; 49: 1, 5; Jeremías 1: 5; 20: 15-18; Lucas 1: 44.

(W) EL AMOR

Creemos que debemos demostrar el amor para otros, no solo hacia compañeros creyentes, sino también hacia los que no son creyentes y aun a los que se oponen a nosotros. Trataremos a los que se oponen gentil, suave, paciente y humildemente. Dios prohíbe instigar a la lucha, el tomar venganza, amenazar o el uso de la violencia como un medio de resolver el conflicto personal u obtener justicia personal. Aunque Dios nos comanda a que detestemos las acciones pecaminosas, amaremos y oraremos por cualquier persona que se ocupa de tales acciones pecaminosas.

Levítico 19: 18; Mateo 5: 44-48; Lucas 6: 31; 13: 34-35 Juan; Romanos 12: 9-10; 17-21; 13: 8-10; Filipenses 2: 2-4; 2ª Timoteo 2: 24-26; Tito 3: 2, 13, 17-18.

(X) PLEITOS ENTRE LOS CREYENTES

Creemos que los cristianos están prohibidos de entablar pleitos civiles contra otros cristianos o contra la iglesia para resolver las controversias personales. Creemos que la iglesia posee todos los recursos necesarios para resolver las controversias personales entre sus miembros. Sí creemos, sin embargo, que un cristiano puede buscar la compensación para lesiones de la aseguradora de otro cristiano mientras el reclamo se realice sin malicia o calumnia.

1ª Corintios 6: 1-8; Efesios 4: 31-32

SECCIÓN 2.02 - AUTORIDAD DE LA DECLARACIÓN DE FE

Esta Declaración de Fe no agota el grado de nuestra fe. La Biblia misma es la única y final fuente de todo lo que creemos. Sí creemos, sin embargo, que la Declaración de Fe mencionada, representa con exactitud las enseñanzas de la Biblia y por consiguiente, rige para todos los miembros. Toda la bibliografía usada en la iglesia estará de acuerdo completo con la Declaración de Fe.

SECCIÓN 2.03 - PACTO DE LA IGLESIA

Habiendo sido guiados por el Espíritu de Dios a recibir al Señor Jesucristo como Salvador personal, y que al profesar nuestra fe hemos sido bautizados en el nombre del Padre y del Hijo y del Espíritu Santo, nosotros ahora, en presencia de Dios, los ángeles y de esta reunión, gozosos y solemnemente convenimos todos, como un cuerpo de Cristo, en el pacto siguiente:

Auxiliados por el Espíritu Santo, nos esforzaremos en andar juntos en amor cristiano procurando el adelanto de esta iglesia en conocimientos, santidad y bienestar, promover su prosperidad y su espiritualidad: sostener su culto, ordenanzas, disciplina y doctrinas: diezmar y contribuir fiel y gozosamente para el mantenimiento del ministerio, los gastos de la iglesia, el alivio de los pobres y la promulgación del Evangelio en todas las naciones.

También nos esforzaremos en realizar devocionales familiares y personales, y en educar a nuestros hijos en la fe Cristiana; procurar la salvación de nuestros parientes y de nuestros conocidos; andar con diligencia en el mundo; ser justos en nuestros tratos; cumplidos en nuestros compromisos; y ejemplares en nuestro comportamiento; abstenernos de los chismes, la calumnia y la ira excesiva; y ser celosos en nuestros esfuerzos para conseguir el adelanto del Reino de nuestro Salvador.

También nos esforzaremos en velar los unos por los otros en amor fraternal; tenernos presentes unos a otros en nuestras oraciones; auxiliarnos mutuamente en la enfermedad y en la necesidad de cultivar la simpatía cristiana en los sentimientos y la cortesía en el hablar; ser tardos en ofendernos, y siempre prontos en reconciliarnos practicando las reglas de nuestro Salvador para verificarlo sin demora.

También nos esforzaremos, si dejamos de vivir en esta zona, unirnos tan pronto como nos sea posible, con otra Iglesia de la misma doctrina y práctica en la cual podremos cumplir con el espíritu de este pacto y los principios emanados de la Palabra de Dios.

ARTÍCULO 3 - MEMBRECÍA

SECCIÓN 3.01 - CLASES DE MIEMBROS

(A) MIEMBROS ACTIVOS: Son todos aquellos que asisten regularmente, están trabajando para el Señor en su iglesia y andan en buena comunión con su iglesia. Los miembros activos son los que tienen voz y voto en las sesiones de negocios.

(B) MIEMBROS INACTIVOS: Son todos aquellos que no han asistido a la iglesia en 6 meses sin razón justificada, o los que han sido disciplinados por la iglesia. Los miembros inactivos son los que no tienen voz ni voto en la iglesia.

SECCIÓN 3.02 - CALIFICACIONES DE MIEMBROS:

Toda persona que profesa haber recibido a Cristo como su Salvador personal y da evidencia de ello, estando de acuerdo con las doctrinas y prácticas presentadas en esta constitución puede solicitar ser miembro.

(A) POR BAUTISMO: El candidato será examinado por el pastor o por uno de los co-pastores de la iglesia antes de su bautismo.

(B) POR CARTA: Toda persona que proviene de otra iglesia bautista con la misma doctrina y práctica debe ser presentada a la iglesia, pidiendo una carta de traslado de membrecía de la iglesia en donde es miembro. Toda persona será examinada por el pastor, uno de los co-pastores, o un diácono de la iglesia.

(C) POR EXPERIENCIA: Toda persona que ha sido miembro de una iglesia con la misma doctrina y por alguna razón no puede conseguir carta de traslado, debe ser presentada a la iglesia, proveyendo testimonio y evidencia de su fe en Cristo, su bautismo bíblico y membrecía durante un tiempo razonable de asistencia.

(D) POR RESTAURACIÓN: Todos aquellos casos en los cuales un miembro ha sido disciplinado mediante la expulsión, puede ser recibido de nuevo, después de manifestar públicamente que se ha arrepentido y que ha enmendado su camino.

SECCIÓN 3.03 - RESPONSABILIDADES DEL MIEMBRO

Al hacerse miembro de esta iglesia, además del pacto en el Artículo 2, Sección 2.03, cada uno se compromete a amar, honrar y estimar al pastor; orar por él; reconocer su autoridad en los asuntos espirituales de la iglesia; atesorar un amor fraternal para todos los miembros de la iglesia; apoyar a la iglesia en la oración, diezmar y brindar ofrendas según el Señor le permita;

y en conformidad con los mandatos Bíblicos, a apoyar, mediante su modo de vida, las creencias y las prácticas de la iglesia.

SECCIÓN 3.04 - PRIVILEGIOS DE MIEMBROS

(A) Sólo los miembros activos de dieciocho años de edad o más que están físicamente presentes en una reunión debidamente convocada por la iglesia tendrán derecho a votar. No habrá ninguna votación por poder o de ausentes.

(B) Estas funciones de congregación no denotan una democracia pura, sino un cuerpo bajo la jefatura del Señor Jesucristo y la dirección del pastor como Su delegado con el consejo de los diáconos. Las determinaciones de los asuntos internos de esta iglesia son los asuntos eclesiásticos y se determinarán exclusivamente por reglas propias y procedimientos de la iglesia. El pastor supervisará y/o conducirá todos los aspectos de esta iglesia. Los diáconos darán consejo y asistencia al pastor.

(C) La membrecía en esta iglesia no da a los miembros ningún derecho de propiedad, contractual, o civiles basados en los principios del gobierno democrático. Aunque el público en general está invitado a los servicios de veneración de toda la iglesia, la propiedad de la iglesia sigue siendo propiedad privada. El pastor (o en su ausencia, un individuo designado por los diáconos) tiene la autoridad para suspender o revocar el derecho de cualquier persona, incluido un miembro, para entrar o quedarse en la propiedad de la iglesia. Si después de ser notificado de tal suspensión o revocación, la persona entra o se queda en la propiedad de la iglesia, la persona puede, bajo la discreción del pastor (o en su ausencia, un individuo designado por los diáconos), considerarse como un intruso.

(D) Un miembro fiel en sus diezmos, puede inspeccionar o copiar los estados financieros de la iglesia, las actas de las reuniones de la iglesia y las actas de las reuniones de otros comités, dando cinco días hábiles de preaviso a la iglesia. La iglesia puede imponer un cargo razonable, cubriendo los costos del trabajo y el material, para las copias de cualquier documento proporcionados al miembro antes de liberar las copias al miembro.

(E) Un miembro no puede, en cualquier circunstancia, inspeccionar o copiar cualquier registro en relación con las contribuciones individuales a la iglesia.

SECCIÓN 3.05 - TRANSFERENCIA DE LA MEMBRECÍA

Los miembros, no bajo el proceso disciplinario de la sección 3.07, pueden solicitar carta de transferencia a otra iglesia.

SECCIÓN 3.06 -TERMINACIÓN DE LA MEMBRECÍA

(A) La membrecía puede ser terminada, sin previo aviso, si el miembro en cuestión no ha asistido a un servicio regular de veneración de la iglesia en los precedentes seis meses. Con una buena causa presentada al pastor, esta provisión de terminación de membrecía puede ser no aplicada a su discreción.

(B) Ningún miembro de esta iglesia puede mantener membrecía en otra iglesia. Si cualquier miembro se une a otra iglesia, se le terminará la membrecía automáticamente a esa persona sin previo aviso.

(C) Un miembro puede renunciar en cualquier momento, y una carta de transferencia o declaración escrita de buena posición se expedirá con tal renuncia, bajo la discreción del pastor.

SECCIÓN 3.07 - DISCIPLINA

(A) RAZONES: Un miembro puede ser excluido de la membrecía de la iglesia por las siguientes razones: Conducta inmoral (1ª Corintios 5:1-13). Doctrina falsa y perniciosa que confunda a la congregación (Romanos 16:17-18; 1ª Timoteo 6:3-5). Conducta o doctrina que cause divisiones (Romanos 16:17). Vida desordenada (2ª Tesalonicenses 3:6, 14, 15).

(B) MANERA: Habrá un comité de disciplina que consta del pastor y los diáconos. Estos hombres tendrán única autoridad al determinar las desviaciones heréticas de la Declaración de Fe y violaciones del Pacto de la Iglesia. Si el pastor o un diácono es el objeto de un asunto disciplinario, no se sentará como un miembro del comité de disciplina. El pastor y los diáconos tendrán derecho a los mismos pasos como otros miembros de la iglesia y estarán sujetos a la misma disciplina.

(C) Se espera que los miembros demuestren lealtad y apoyo los unos con los otros. Cuando un miembro se da cuenta de un delito de tal magnitud que obstaculiza el crecimiento espiritual y el testimonio, irá solo al ofensor y procurará restaurar a su hermano. Antes de que vaya, primero debe auto-examinarse. Cuando va, debe ir con espíritu de humildad y tener como meta la restauración.

(D) Si la reconciliación no se alcanza, un segundo miembro, o un diácono o el pastor debe acompañarle y buscar resolver el asunto. Este segundo paso también debe ser precedido mediante auto-examen y ejercitando un espíritu de humildad y tener como meta la restauración.

(E) Si el asunto es todavía no resuelto después de los pasos esbozados en las sub-secciones (C) y (D) el comité de disciplina, conformado Bíblicamente por los representantes de la iglesia, analizará el asunto. Si el asunto no se resuelve durante la audiencia ante el comité de disciplina, el comité recomendará a los miembros de la iglesia que ellos, después de auto-examen, realizar un esfuerzo personal e ir al miembro ofensor y buscar la restauración de ese miembro.

(F) Si el asunto es todavía no resuelto después de los pasos esbozados en las sub-secciones (C), (D), (E), los miembros que rehúsan arrepentirse y restaurarse se retirarán de la membrecía de la iglesia luego del voto mayoritario de miembros presentes en una reunión convocada con la finalidad de considerar la acción disciplinaria.

(G) El comité de disciplina ni la iglesia considerarán el asunto a menos que los pasos esbozados en las sub-secciones (D) y (E) se han tomado, excepto en el caso de un delito público.

(H) Si un miembro ofensor no arrepentido se retira de la membrecía de la iglesia, todo contacto con él de ese punto en adelante (excepto por miembros de la familia) debe ser en dirección a la restauración.

(I) Los procedimientos proporcionados en esta sección se basan en Mateo 18:15-20; Romanos 16:17-18; 1ª Corintios 5:1-13; 2ª Corintios 2:1-11; Gálatas 6:1; 1ª Tesalonicenses 5:14; 2ª Tesalonicenses 3:6, 10-15; 1ª Timoteo 5:19-20; y Tito 3:10-11.

ARTICULO 4 - OFICIALES:

Los oficiales principales de esta Iglesia serán los pastores y los diáconos. También se elegirán un secretario, un tesorero, y otros oficiales que se consideren necesarios para el buen funcionamiento de la Iglesia. Estos últimos pueden ser diáconos o pastores, pero no es requisito que lo sea. Cuando algunos de los oficiales dejen su puesto vacante, el pastor recomendará un suplente a la congregación y será aprobado durante de una sesión de negocios de la iglesia. El suplente debe recibir por lo menos la mayoría más uno de los votos para ser aprobado.

SECCIÓN 4.01 - PASTORES

(A) REQUISITOS: El pastor y los co-pastores de esta iglesia deben ser ministros bautistas, con un testimonio claro de su Salvación y de su llamamiento al ministerio, cumpliendo con las cualidades que se encuentren en 1ª Timoteo 3:1-7 y en Tito 1:4-9. Todo nuevo pastor o co-pastor de la iglesia debe ratificar por escrito su aceptación de esta constitución en todas y cada una de sus partes. Además, el pastor debe dar el ejemplo de fe en dar fielmente sus diezmos y ofrendas.

(B) RESPONSABILIDADES: El pastor y los co-pastores predicarán el Evangelio, enseñarán la Biblia, celebrarán las ordenanzas, presidirán en las sesiones de negocios y dirigirán toda actividad de la iglesia en la mejor manera posible. Serán miembros honorarios con voz y voto de todas las organizaciones y comités dentro de la iglesia; así mismos, están facultados a intervenir en todos los asuntos de la misma. El pastor y los co-pastores cuidarán con ternura los intereses espirituales de toda la membrecía de la iglesia. La vida del pastor y su familia debe ser un ejemplo de santidad y espiritualidad. Ninguna acusación será permitida contra el pastor sino con 2 o 3 testigos que tengan autoridad moral. Ningún hombre que no acepta las doctrinas de esta Iglesia será pastor de ella. Cuando el pastor desea terminar su relación laboral con la Iglesia deberá avisar con treinta días de anticipación.
La Iglesia puede despedir al pastor por los siguientes motivos: por conducta pecaminosa; por no cumplir el perfil pastoral puesto por la Iglesia; por deshonestidad en sus asuntos ante la Iglesia y el mundo; por infundir enseñanzas falsas contra los Artículos de Fe dados arriba.

(C) ELECCIÓN: Cuando la iglesia está sin pastor, se elegirá un COMITÉ DE PULPITO de 3 ó 5 miembros activos, quienes tendrán la responsabilidad de tener un predicador visitante en el púlpito en cada servicio y buscar e invitar candidatos para pastor. El candidato predicará en el servicio más concurrido de la iglesia y hablará con el comité de púlpito acerca de la iglesia, sus propósitos, métodos de trabajo, salario, etc. El candidato debe presentar sus credenciales y certificado de ordenación (ordenación bautista exclusivamente) al comité de púlpito para revisión. En un tiempo breve, la iglesia tendrá una sesión extraordinaria donde se tratará solamente la elección del pastor. Será presidido por el presidente del comité de púlpito; habrá discusión, una oración pidiendo la voluntad de Dios y se tomará un voto secreto a través de cédulas. El candidato debe recibir por lo menos 90% de los votos para ser invitado como pastor. El comité de púlpito le avisará inmediatamente del resultado de la votación y el candidato debe dar su contestación en el tiempo más breve posible. Cuando un nuevo pastor toma el cargo de la iglesia, el comité de púlpito queda disuelto. El pastor y los co-pastores serán elegidos por tiempo indefinido y la relación pastoral puede ser disuelta por acuerdo mutuo. Un pastor solo puede ser destituido de su cargo por acuerdo del 70% de la membrecía activa de la iglesia mediante voto secreto a través de cédulas durante una sesión de negocios. Cuando existe la necesidad de añadir otro pastor o co-pastor a la iglesia, el candidato será seleccionado por los pastores y co-pastores actuales y presentado a la iglesia para su aprobación.

(D) PASTORES ASOCIADOS: Bajo la dirección y orientación del pastor, los pastores asociados de la iglesia ayudarán al pastor a llevar a cabo los ministerios de la iglesia. Los requisitos de los pastores asociados son los mismos que los del pastor.

SECCIÓN 4.02 - DIÁCONOS

(A) REQUISITOS: Se tomarán como base las cualidades mencionadas en 1ª Timoteo 3:8-13 y en Hechos 6:3; requiriéndose además que sean hombres fieles en la asistencia a los cultos de la iglesia, en servir al Señor y en dar sus diezmos y ofrendas para el sostenimiento de la obra.

(B) RESPONSABILIDADES: Los diáconos ayudarán al pastor en la celebración de las ordenanzas, en la disciplina de los miembros, cuidarán los bienes materiales de la iglesia y atenderán las necesidades de la congregación según las posibilidades de la iglesia. Servirán bajo la dirección del pastor y de los co-pastores.

(C) APOYO PASTORAL: Dado que Dios ha convocado al pastor para liderar la iglesia, La Biblia manda a los diáconos a apoyar, promover, y cooperar con el pastor dentro del marco de los Estatutos establecidos según la Palabra de Dios. Condenando la hipocresía, los mandatos de la Biblia indican que los diáconos no deben involucrarse en chismes o calumnias contra el pastor, otro oficial, u otro miembro. Hechos 6:2-4; 1 Timoteo 3:8.

(D) ELECCIÓN: Serán recomendados a la iglesia por el pastor cuando la iglesia haya crecido lo suficiente para crear la necesidad. Serán aprobados en una sesión de negocios con por lo menos la mitad más uno de los votos. Los diáconos servirán por un periodo de un año y cuando mantengan un buen testimonio y cumplan con sus requisitos y responsabilidades. Podrán ser elegidos otra vez.

SECCIÓN 4.03 - SECRETARIO

(A) REQUISITOS: Será miembro activo de la iglesia, fiel en la asistencia a los cultos, y en dar sus diezmos y ofrendas a la iglesia para el sostenimiento de la obra.

(B) RESPONSABILIDADES: Se encargará de mantener una lista de los miembros de la iglesia, leer las actas, cartas y documentos en las sesiones de negocios, leer al acta los acuerdos tomados por la iglesia, conservar un archivo de actas, cartas y documentos de la iglesia.

(C) ELECCIÓN: Será recomendado a la iglesia por el pastor y aprobado en una sesión de negocios con por lo menos la mitad más uno de los votos. Servirá por un año y podrá ser elegido otra vez.

(D) DEBERES:

(1) Certificar y mantener en la oficina de la iglesia, los estatutos originales o una copia, incluidas todas las enmiendas o alteraciones a los estatutos.

(2) Mantener en el lugar donde se mantienen los estatutos o una copia, un registro de las actas de las reuniones de los diáconos, con el tiempo y el lugar de la reunión, el aviso de la reunión dada y los nombres de los presentes en las reuniones.

(3) Firmar, certificar, o evidenciar los documentos como puede ser requerido por la ley.

(4) Ver que todos los avisos se dan debidamente en conformidad con las provisiones de estos estatutos. En el caso de la ausencia o la discapacidad del secretario, o su negativa o descuido para actuar, el aviso puede ser dado y servido por el pastor, o por el presidente de la junta de los diáconos.

(5) Ser el custodio de los registros de la iglesia, incluido el listado de miembros, los bautismos y los certificados de la ordenación, las licencias y las comisiones.

(6) Ver que los informes, las afirmaciones, los certificados y todos los otros documentos y los registros requeridos por la ley se mantienen adecuadamente y se archivan.

(7) Presentar tantas veces como sea razonable a las personas adecuadas en los términos proporcionados por la ley los estatutos y las actas de las reuniones de los diáconos o las actas de las reuniones de los miembros de la iglesia.

(8) Mantener una cuenta de cualquier evento especial en la vida de la iglesia que sea de interés histórico y presentar un informe en la reunión de administración anual del estado de la membrecía de la iglesia en el año pasado.

(9) Mantener todos los registros en la oficina de la iglesia y entregárselos a cualquier sucesor al salir de la oficina.

(10) Actuar como el secretario de la iglesia.

SECCIÓN 4.04 - TESORERO

(A) REQUISITOS: Será miembro activo de la iglesia, fiel en la asistencia a los cultos, y en dar sus diezmos y ofrendas a la iglesia para el sostenimiento de la obra.

(B) RESPONSABILIDADES: Tendrá a su cargo la contabilidad de las finanzas de la iglesia. Presentará un informe cada 6 meses o cuando sea solicitado por la iglesia.

(C) ELECCIÓN: Será recomendado a la iglesia por el pastor y aprobado en una sesión de negocios con por lo menos la mitad más uno de los votos. Servirá por un año y podrá ser elegido otra vez.

(D) DEBERES:
(1) Tener a cargo la custodia de, y ser responsable de, todos los fondos de la Iglesia.

(2) Desembolsar, o autorizar el desembolso, de los fondos de la iglesia conforme instrucciones del, o conforme al presupuesto adoptado por los miembros de la iglesia en la reunión de administración anual, tomando los comprobantes adecuados para los desembolsos.

(3) Mantener las cuentas adecuadas y correctas de las propiedades y transacciones empresariales de la iglesia incluida la cuenta de su activo, responsabilidad, recibos, desembolsos y capital.

(4) Efectuar todos los gastos de la iglesia (excepto desembolsos varios de caja chica).

(5) Cuando y de acuerdo a lo solicitado, rendir cuentas al pastor o diáconos de todas sus transacciones como tesorero y sobre la condición financiera de la iglesia.

(6) Presentar un informe escrito de los desembolsos detallados en las reuniones de administración.

(7) Mantener todos los registros financieros de la iglesia ordenadamente y ubicados donde el pastor indique y entregarlos a cualquier sucesor al retirarse.

(8) Servir de tesorero de la iglesia.

SECCIÓN 4.05 - OTROS OFICIALES:

La iglesia nombrará otros oficiales conforme a sus necesidades.

REQUISITOS: Cada uno de ellos será miembro activo de la iglesia, fiel en la asistencia a los cultos, y en dar sus diezmos y ofrendas a la iglesia para el sostenimiento de la obra.

SECCIÓN 4.06 - RESPONSABILIDADES DE TODOS LOS OFICIALES

(A) Todos los oficiales prepararán un informe escrito de su trabajo para la reunión de administración y entregarán cualquier registro en su posesión al ministro de los registros en el fin de su mandato para archivarse como un registro permanente del trabajo de la iglesia. Todos los registros son de propiedad de la iglesia y deben mantenerse en la oficina de la iglesia.

(B) Cualquier oficial que descuide sus responsabilidades como esbozado en los estatutos durante un período de tres meses puede ser liberado de sus responsabilidades a la discreción del pastor y otro podrá sea nombrado por el pastor para servir el término no caducado.

ARTICULO 5 - CULTOS DE LA IGLESIA

A menos que de otro modo sea determinado por el pastor, la iglesia se reunirá cada domingo para la veneración pública y por lo menos una vez durante la semana para el estudio de la Biblia y la oración.

SECCIÓN 5.01 - CULTOS ESPECIALES

Las conferencias Bíblicas, las conferencias misioneras y los avivamientos pueden celebrarse según el pastor considere adecuados.

ARTÍCULO 6 - SESIONES DE NEGOCIOS:

Esta iglesia tendrá una sesión de negocios por lo menos dos veces al año y se llevará acabo ordenadamente.

(A) Podrá haber sesiones de negocios extraordinarias las cuales serán convocadas por el pastor cuando menos un domingo antes de la sesión. Estas sesiones tratarán de asuntos diversos que no puedan esperar hasta las sesiones ordinarias. Cualquier asunto nuevo debe ser presentado al pastor una semana antes de la sesión de negocios para que pueda ser incluida en el orden del día.

(B) Para cualquier reunión de conformidad con este artículo, el moderador, en su única discreción, tendrá autoridad total y unilateral para requerir a no miembros para salir de la sala de reunión y a ordenar la remoción inmediata de cualquier miembro u otro presente de personas que es considerado por el moderador para ser desestabilizante a las actas por el acto o la presencia. El moderador tendrá autoridad total para ordenar la separación de todos los niños (edades a ser determinado por el moderador) si el moderador determina, en su única discreción, que las circunstancias lo merecen. Si el moderador determina que el cumplimiento de su orden de la remoción es insatisfactorio, el moderador puede, en su única discreción, revocar el derecho de la persona desestabilizante para permanecer en los locales y tratar a la persona como un intruso.

ARTÍCULO 7 - ORDENACIÓN

SECCIÓN 7.01 - LAS CUALIFICACIONES DE ORDENACIÓN

Cualquier miembro de esta iglesia o sus iglesias de la misión, que da las pruebas de un llamado verdadero de Dios en el trabajo del ministerio y posee las calificaciones declaradas en 1ª Timoteo 3:1-7 y Tito 1:6-9, puede ordenarse como un ministro del Evangelio.

SECCIÓN 7.02 - EL PROCEDIMIENTO DE LAS ORDENACIONES

(A) Luego de una conferencia con el pastor y después que el pastor haya aprobado la ordenación del candidato, el pastor llamará un consejo para examinar y aprobar la ordenación del candidato. El consejo de ordenación constará de los ministros ordenados de fe similar invitados para participar en el examen del candidato.

(B) Si el candidato se encuentra digno de la ordenación por el consejo, el consejo de ordenación puede ordenar al candidato en nombre de la iglesia.

(C) El pastor y los diáconos organizarán el servicio de ordenación.

ARTÍCULO 8 - CONTRIBUCIONES DESIGNADAS

La iglesia, en el ejercicio de sus finalidades religiosas, educacionales y caritativas, puede establecer diversos fondos para alcanzar metas específicas. Los contribuyentes pueden sugerir los usos para sus contribuciones pero todas las sugerencias se considerarán de sugerencia y no de naturaleza obligatoria.

ARTÍCULO 9 - DISOLUCIÓN DE LA IGLESIA

En el evento de la disolución de esta Iglesia, todos sus bienes y propiedades se pasarán a Baptist International Missions, Inc. (BIMI) hasta que pueda restablecerse La Iglesia o hasta que haya otra iglesia bautista independiente cerca de la misma doctrina y practica que los necesite. Está prohibido que los miembros, u otras personas fuera de la Iglesia, dividan entre sí, o distribuyan de cualquier manera los bienes raíces o cualquier equipo de la Iglesia para ningún uso o fin fuera del ministerio de la predicación del evangelio de Jesucristo y de la Santa Biblia.

ARTÍCULO 10 - REFORMAS A ESTA CONSTITUCIÓN

Cualquier reforma a esta constitución debe ser propuesta en una sesión de negocios, para ser estudiada por el pastor, los co-pastores y los diáconos antes de tomar cualquier acción. Después, la reforma debe ser presentada a la asamblea y la reforma propuesta será adoptada solamente cuando la mitad más uno de los miembros voten a favor.

ADOPCIÓN

Estos estatutos fueron adoptados por el voto mayoritario de las dos terceras partes de los miembros presentes y votando en una reunión debidamente llamada de la iglesia en la cual un quórum estaba presente.

Estos estatutos revocan cualesquiera otros estatutos de la **Iglesia Bautista Internacional**.

_____

Fecha   Ministro de los registros

IGLESIAS AUTONOMAS

Apéndice Número Seis:

Los Distintivos Bautistas.

B La <u>BIBLIA</u> es la única base de nuestra fe y practica.
II Timoteo 3:14-16, II Pedro 1:20-21.

A La <u>AUTONOMIA</u> de las iglesias locales.   Mateo 18: 15-17

U Hay <u>UNICAMENTE</u> DOS ORDENANZAS: El Bautismo y la Cena del Señor. Mateo 28:19-20, Hechos 2:41-47, I Corintios 11:23-32

T <u>TODO</u> creyente goza del privilegio de ser Sacerdote, I Pedro 2:5-9 Cada uno llega a Dios sin mediador humano. Jesús es nuestro único mediador. Apocalipsis 1:6, I Timoteo 2:5

I <u>IGLESIAS</u> donde los MIEMBROS son Salvos y Bautizados. Hechos 2:41-47

S <u>SEPARACION</u> de las iglesias y el gobierno.   Mateo 22: 15-22
No debe haber "iglesia estatal".

T <u>TODO</u> individuo tiene LIBERTAD de conciencia.   Romanos 14:5-12

A <u>ACEPTA</u> solo DOS OFICIOS en la iglesia: Pastores y Diáconos
I Timoteo 3:1-13

IGLESIAS AUTONOMAS

Apéndice Número Siete:

Un Bosquejo
IGLESIAS AUTÓNOMAS

INTRODUCCION: Fruto Que Permanezca

LA DEFINICION: Una Iglesia Autónoma

- **LA PRIORIDAD**
  - Según el Señor – Mateo 16:18
  - Según Las Sagradas Escrituras – Tito 2:14
  - Según La Comisión de Cristo – Mateo 28:18-20
  - Según O Dada La Condición de Los Inconversos – Efesios 2:1

- **LA PROMESA DE CRISTO** Mateo 16:16-18
  - "YO" – Personalmente Involucrado
  - "MI" – Posesión Personal del Señor – Tito 2, Hechos 20:28
  - Cristo Es La Peña – El Fundamento de La Iglesia

- **EL PROCESO -- "EDIFICARE"** Efesios 4:10 >
  - El Evangelismo -- Hechos 14:21
  - La Enseñanza -- Hechos 14:21 (La edificación)

- La Exhortación -- Hechos 14:22

- Encomendados al Señor – Hechos 14:23

- La Extensión de Una Iglesia – Hechos 14:26-27

- **LA PREPARACION DE OBREROS – EL PROPOSITO DE LA IGLESIA LOCAL** Efesios 4:11-16

  - Pastores y Maestros – Efesios 4:11, II Timoteo 2:2

  - Preparación para la obra del ministerio – Efesios 4:12

  - Para la perfección (madurez) y edificación del cuerpo – Efesios 4:12-16

- **LA PREPARACION PARA LA OBRA**

  - La Oración – Lucas 18:1

  - Los Materiales –

  - Los Métodos –

  - Otras Consideraciones –

APÉNDICE NÚMERO OCHO:

PACTOS Y PAUTAS VARIOS

Pacto del Obrero de La Iglesia

Habiendo recibido a Jesucristo como mi Salvador personal, y siendo un miembro bautizado y activo, con buen testimonio de La Iglesia Bautista Getsemaní, reconozco el privilegio que se me ha presentado de ser un líder y un obrero en la Iglesia. Reconozco que es mí deber "ser un ejemplo de los creyentes en palabra, conducta, amor, espíritu, fe y pureza." Por lo tanto, prometo, con la ayuda del Espíritu Santo, esforzarme por cumplir las responsabilidades que tengo como líder y conformarme a este pacto:

1. Yo suscribo con buena voluntad a la posición doctrinal, las practicas, las reglas y el programa de mi iglesia y prometo que los apoyaré públicamente y en privado.
2. Prometo, como líder, asistir fielmente los cultos, los servicios (reuniones) y otras actividades regulares y especiales de mi iglesia (Hebreos 10:25).
3. Prometo apoyar el ministerio de mi iglesia con mis oraciones, mis finanzas, y mi presencia.
4. Seré leal a nuestro pastor. Oraré para él, y buscaré colaborar con él. También, buscaré animarle en el ministerio.
5. Buscaré cuidar mi testimonio personal y prometo no usar los productos de tabaco, bebidas alcohólicas, las drogas ilícitas y no entregarme a actividades mundanas, dañinas como la pornografía, la música mundana, etc. Evitaré cualquiera y toda cosa que podría traer reproche sobre el nombre del Señor o la iglesia. Además, buscaré vestirme decorosa, púdica y modestamente.
6. Buscaré vivir piadosamente en mi hogar, en la iglesia, donde trabajo o estudio, etc.
7. Buscaré ser puntual y fiel en el cumplimiento de mis responsabilidades, conformándome al reglamento bíblico de la iglesia.
8. Si, por alguna razón no puedo ser fiel y cumplir mis responsabilidades, notificaré al pastor y los otros líderes de la iglesia, para que puedan nombre otro a mi puesto.

Nombre: _____

Firma: _____

Fecha: _____
Testigo: _____

Una Pauta del Reglamento Para Los Obreros del Ministerio de Cuna

1. El Departamento de Cuna (CUNA) (de los párvulos) debe considerarse un ministerio al Señor y a los padres de niños pequeños. Los que sirven en esta forma, permiten a los padres y otros participar y gozarse del culto de adoración sin distracciones.
    a. Los pequeños pueden interrumpir y servir de distracción en los cultos.
        1) Una criatura atrae la atención de los sentados cerca. Son lindos, ¿Verdad?
        2) Hacen ruidos que distrae.
        3) No pueden mantenerse quietos mucho tiempo, etc.
    b. Los padres no pueden prestar atención al mensaje por estar atentos a los niños, etc.
2. Los que sirven en ese departamento deben ser personas adultas o jóvenes mayores responsables, miembros de la iglesia.
3. Los obreros deben ser personas que reconocen la gravedad y seriedad de la responsabilidad. No deben ser negligentes, ni distraídos. Deben mostrar un amor genuino para el Señor, los niños y sus familias.
4. Debe mantenerse el local y el ambiente del departamento de cuna limpio, atractivo, cómodo, seguro, controlado, ordenado, etc.
    a. La presentación y la decoración del local dará a los padres de los pequeños una buena impresión y el deseo de aprovechar del ministerio. Para los padres de familia jóvenes con hijos pequeños será muy importante todo eso. Este ministerio puede servir para ganarles para Cristo.
    b. Las actividades en la CUNA no deben ser la clase de actividades que excitan a los pequeños.
    c. Para la protección de los pequeños no se permite carreras o el correr, los brincos, el subir a los muebles, etc., luchas, pleitos, o el tirar los juguetes u otras cosas.
5. Solo niños menores de 36 meses de edad (o menos) deben permitirse en la CUNA. Es mejor tener por lo menos dos divisiones en la CUNA. Es preferible tener los pequeños que caminan separados de los que no caminan, los que gatean o tienen que pasar acostados.

APÉNDICE OCHO: PACTOS Y PAUTAS VARIOS

6. No deben permitirse jóvenes, ni señoritas, padres de familia, etc. a no ser que están dejando o recogiendo los pequeños. No debe haber "pasillo" en la CUNA para que las personas ajenas pueden pasar por la CUNA con motivo de entrar o salir de la iglesia.
7. Los obreros deben reportarse a su lugar en la CUNA por lo menos 15 minutos antes de que lleguen los primeros pequeños. También deben quedarse hasta el último pequeño será recogido por los padres.
   - ❖ Debe llenarse una tarjeta de registro para cada pequeño la primera vez que se deja en la CUNA.
   - ❖ Hay que sacar una foto del pequeño junto con su Mamá y Papá, etc. para la tarjeta de registro. Hay necesidad de la identificación positiva tanto para el pequeño como para los padres o los responsables.
     - Hay que apuntar en la tarjeta la información en cuanto a "las alergias" que el pequeño puede tener.
     - Hay que tener una lista de medicinas que toman los pequeños.
     - Hay que identificar las medicinas, la dosis, etc. con el pequeño.
     - ¡CUIDADO!
     - HAY QUE GUARDAR TODAS LAS MEDICINAS EN LUGAR SEGURO, NO AL ALCANCE DE LOS NIÑOS.
     - Hay que anotar si hay personas que no tienen permiso de recoger el bebe.
     - Hay que anotar si los padres dan permiso para que coma y beba los refrigerios dados en la CUNA.
   - ❖ Debe haber un adulto en la CUNA por cada tres o cuatro pequeños. Es importante mantener una proporción adecuada.
   - ❖ Las obreras deben quedarse en el departamento de CUNA hasta que se haya recogido el último pequeño. NO DEBE permitirse a los pequeños salir solitos o con alguien que no sea su padre, madre, o responsable, etc.
   - ❖ Hay que guardar toda comida en un lugar y en latas donde no entran bichos, cucarachas, etc. Mejor no dejar "comida" en la CUNA.
   - ❖ Es necesario asear semanalmente y regularmente la CUNA para evitar que se enfermen los niños. Hay que tener cuidado de dejar sustancias químicas y venenosas al alcance de los pequeños.
   - ❖ Niños que sufren de enfermedades "transmisibles" deben cuidarse mejor en casa.

- ❖ Hay que mantener los juguetes guardados cuando no se usan.
- ❖ Los materiales que se usan para enseñar deben cuidarse y guardarse en lugar seguro.
- ❖ Habrá necesidad de proveer pañales de varios tamaños. Es mejor que los padres provean para sus pequeños, pero hay que prepararse para toda y cualquiera eventualidad. Los pañales sucios deben tirarse en la basura muy pronto y no dejarse varios días.
- ❖ Los obreros pueden reportar problemas al supervisor, etc.
- ❖ Hay que entrenar los obreros.
- ❖ Hay que informarse en cuanto a acciones que traigan posibles acciones legales.
- ❖ Hay que cuidarse de personas que pueden abusar a los pequeños sexualmente, físicamente, etc.

UN MODELO
Una Pauta Para Los Líderes o Supervisores de La CUNA

- Hay que hacer una lista de los nombres de los obreros de CUNA para cada servicio. Esta lista debe publicarse el último domingo del mes en el boletín y también ponerse donde se ponen los anuncios. Esta información se comparte con el supervisor.
    - Debe haber una proporción de un obrero para cada tres o cuatro pequeños.
    - Los obreros deben tener por lo menos 14 años de edad.
    - Hay que comunicarse con los obreros para recordarles de la hora y la fecha de su compromiso.
- Conviene reunirse con los obreros cada tres o cuatro meses.
    - Hay que recordarlos que el departamento de CUNA es un ministerio a los pequeños y a los padres de familia. Los obreros no son solo niñeros.
    - Hay que buscar enseñar verdades bíblicas sencillas a los pequeños y no solo dejarlos "jugar" todo el tiempo.
    - Hay que platicar de problemas, necesidades de equipo, útiles, lecciones, etc.
- Hay que visitar la CUNA cada domingo para asegurarse de que está funcionando correctamente.

- Hay que cuidar de que los materiales que se usan concuerden con la posición doctrinal de la iglesia.
- Hay que eliminar juguetes rotos (no servibles o inseguros) y materiales manchados, etc.
- Hay que mantener el local limpio y bien aseado.
- Hay que tirar la basura después de cada servicio.
- Las fundas y sabanas deben lavarse cada semana.
- No hay que dejar comida en la CUNA.
- Los obreros deben seguir en la CUNA dejando tiempo y libertad para los padres que quieren responder a la invitación después del mensaje.

Un Modelo del Pacto Para Los Maestros Y Obreros de La Escuela Dominical

Habiendo recibido al Señor Jesucristo como mi Salvador Personal, y siendo un miembro bautizado y activo de esta iglesia, reconozco que ser nombrado maestro de la escuela dominical para enseñar la Palabra de Dios es un privilegio muy grande y a la vez una responsabilidad también muy grande. Por lo tanto, me comprometo, con la ayuda y dirección del Espíritu Santo, cumplir mis responsabilidades y conformarme a este pacto.

- ❖ Confirmo que suscribo al reglamento de fe y práctica de la Iglesia, y que no enseñaré cosa que esté en conflicto o que niega esta posición doctrinal. En el momento que haya cambio en mi posición doctrinal avisaré al Pastor y al superintendente de la escuela dominical. Ofreceré mi renuncia como maestro de la clase de la escuela dominical, y eso sin causar división o desorden en la Iglesia.
- ❖ Me comprometo a colaborar completamente con los líderes de la Iglesia y el programa educativo de la Iglesia. Usaré los materiales de estudio provistos y aprobados por el Pastor y los líderes. Enseñaré usando la versión de la Biblia también aprobado por el Pastor y los líderes.
- ❖ Aceptaré los consejos, la preparación, y la supervisión y la enseñanza de los encargados. Prometo hacer todo lo posible por ser fiel a las reuniones de maestros.

- ❖ Prometo asistir fielmente y promover los servicios y actividades de la Iglesia.
- ❖ Apoyaré el ministerio de la Iglesia con mis diezmos, ofrendas y mis oraciones.
- ❖ Con la ayuda del Espíritu Santo buscaré vivir una vida piadosa y ejemplar, absteniéndome del uso de drogas ilícitas, el tabaco, el alcohol, cualquiera otra cosa que traería reproche sobe el nombre de Cristo. Honraré mi ministerio por vestirme modestamente, conformándome al reglamento para maestros y líderes de la iglesia.
- ❖ **Buscaré vivir y conducirme con el propósito de agradar y glorificar al Señor Jesús.**
- ❖ **Buscaré vivir lleno del Espíritu Santo.**
- ❖ Buscaré la edificación de los creyentes que son mis alumnos. Buscaré la conversión de los que no son salvos.
- ❖ Buscaré el crecimiento espiritual y que haya crecimiento en número.
- ❖ Buscaré preparar bien la lección, no esperando hasta el sábado por la noche o el domingo por la mañana para comenzar la preparación. (Algunos de los maestros que Dios ha usado más comienzan el domingo por la tarde a preparar la lección para el siguiente domingo).
    - (Si hay que sacar copias de la lección u otras cosas que se repartirán a los alumnos, que esos materiales también se preparen durante la semana.)
    - (Las ayudas visuales también deben prepararse de ante mano.)
- ❖ Buscaré comunicarme por teléfono o por una visita personal con los miembros de la clase que no llegaron, y eso no muchos días después de su ausencia. También haré lo posible por visitar a los que llegan a la clase como invitados o visitantes. Reconozco la importancia de hacer contacto regular y personal con los asistentes regulares y las personas nuevas. Los maestros de la escuela dominical servimos en un sentido limitado como ministros de la Iglesia.
- ❖ Mantendré una lista vigente de los que asisten a la clase (Nombres, direcciones, números de teléfono, fecha de nacimiento, aniversario, etc.).
- ❖ Entiendo que el Señor me ha confiado mis alumnos y los cuidaré hasta donde sea posible.

- ❖ Si necesito ayudante en la clase comunicaré la necesidad al Pastor y el superintendente primero para recibir su aprobación y dirección antes de comenzar a buscar ayudante.
- ❖ Si no voy a estar en la clase por alguna razón avisaré al Pastor y el superintendente para que ellos asignan a una persona como suplente. No invitaré a nadie enseñar la clase sin recibir la aprobación del Pastor y el superintendente primero. Hay que esperar hasta recibir la aprobación de ellos para mencionar la posibilidad de enseñar al suplente. (**Si la posibilidad de enseñar se menciona a la persona primero y luego no hay aprobación, el individuo puede ofenderse**).
- ❖ De la misma manera prometo informar al Pastor y el superintendente si no voy a seguir como maestro de la clase. **Dejaré a ellos la responsabilidad de buscar y nombrar un maestro nuevo.**

Nombre: _____

Firma: _____

Fecha: _____

Nombre del Superintendente _____

UN MODELO
Un cuestionario para los obreros de la Iglesia.

Favor de indicar las áreas de servicio donde usted tiene experiencia y estaría dispuesto a servir. (Este formulario puede cambiarse y adaptarse de acuerdo con la situación donde usted sirve)

- ☐ Maestro/a de la escuela dominical (De adultos __ Jóvenes___ Niños __)
- ☐ Superintendente de la escuela dominical
- ☐ Maestro/a suplente o ayudante
- ☐ Departamento de CUNA
- ☐ Director de música, coro, etc.

- ☐ Cantante (solo, en grupo, dúo, etc.)
- ☐ Músico: Piano ___ Teclado ___ Guitarra ___ Otro ___
- ☐ Diacono
- ☐ Secretaria
- ☐ Consejero/a
- ☐ Chofer de vehículo: Bus ___ Van ___ Carro ___ Camión ___
- ☐ Ujier
- ☐ Aseo y limpieza
- ☐ La Pintura
- ☐ Carpintería
- ☐ Otro/os

Hay que recordar que es mejor no pedir "voluntarios". Es importante saber quién quiere servir y sus habilidades, pero no es sabio decir, "Necesitamos un maestro, un obrero, etc., ¿Quién quiere servir en esa capacidad?" Puede haber varios voluntarios y entre ellos quienes no califican o llenan los requisitos para obreros de la Iglesia. Si estos "no calificados" se rechazan, claro pueden ofenderse. **El Pastor/es y los líderes de la Iglesia puede designar a alguien de entre los calificados para que ocupe la posición de servicio.**

Los miembros pueden presentar los nombres de las personas que ellos quieren nominar y que se tomen en cuenta para el puesto (Maestros, diáconos, etc.), pero los pastores y otros líderes de la Iglesia deben entrevistar a los candidatos en privado y asegurarse de que llenen los requisitos bíblicos para el puesto, y que tienen el deseo de servir, antes de presentar sus nombres para consideración o ser elegidos.

Un ejemplo: Los miembros (que no siempre entienden los requisitos bíblicos y que a veces toman decisiones emocionales, etc.) pueden anotar (secretamente) en una hoja el nombre o los nombres de las personas que ellos desean nominar. El Pastor y los líderes revisan la lista de los nombres de las personas nominadas y van a hablar en privado con los individuos. Si están (por ejemplo) por elegir un nuevo diacono y se nomina el nombre de un hombre "pleitista" o uno que no tiene buen testimonio por actividades comerciales, o económicas dudosas, o quizás divorciado, los líderes pueden platicar con él en privado y explicar porque él no llena los requisitos bíblicos y por lo tanto su nombre no debe presentarse en la lista y no puede elegirse a la posición de servicio. El individuo sincero aceptar la explicación y querrá que su nombre no se presente... De esta manera se evita situaciones penosas para todos y se mantiene el orden. **Los líderes de la Iglesia son responsables y deben "gobernar" bien la Iglesia – según los dictámenes bíblicos y los estatutos de la Constitución de la Iglesia.**

APÉNDICE NÚMERO NUEVE:

LA ESCUELA DOMINICAL

La escuela dominical puede servir para varios propósitos, entre ellos la ganancia de almas y la edificación de los creyentes – dos partes de la Gran Comisión (Mateo 28:18-20). La escuela dominical bien organizada puede ministrar la Palabra de Dios a las personas de toda edad y proveer el compañerismo más estrecho que algunos miembros necesitan. El misionero tendrá que tomar en cuenta tres factores principales. Estos factores son:

1. El número de maestros capacitados que hay disponibles.
2. El espacio disponible -- el número de salones que hay disponibles para diferentes clases.
3. El número de personas asistentes y sus edades, nivel de madurez, género, etc.

A la vez que hay maestros y salones disponibles, el programa puede organizarse en varios grupos según las edades de los alumnos. A veces conviene separar los niños pequeños de las niñas de su edad. Puede considerarse necesario o prudente la separación según su género de los pre-juveniles. Los jóvenes y señoritas pueden formar un grupo. Los jóvenes mayores probablemente querrán reunirse en un solo grupo, y los adultos también, aunque los adultos mayores pueden dividirse en dos grupos – mujeres y hombres. El misionero sabio no obliga a las gentes entrar en una clase, especialmente las personas mayores. **La meta es enseñar, edificar, no ahuyentar.**

Hay que buscar a las personas maduras que son aptas para enseñar y que pueden tener el deseo de comenzar y edificar una clase. Hay que colaborar con ellos y ayudarles, encontrar los primeros alumnos con cuales comenzar. Hay que darles dirección y proveer lo que puedan necesitar (salón de clase, materiales, etc.) para su clase. De esta forma personas aptas logran tener un ministerio formal en la iglesia.

Los Maestros de La Escuela Dominical

Porque la persona que enseña la Biblia en la Iglesia (incluyendo la escuela dominical) debe ser un líder ejemplar y porque tiene a su cargo la edificación de los alumnos por medio de la enseñanza, él o ella debe llenar los requisitos bíblicos para un diacono o esposa de un diacono. El ministerio de los diáconos es "servir en lo material." El ministerio de un maestro es un ministerio espiritual en el sentido de ministrar la Palabra de Dios. ¿Sería correcto exigir a los que "sirven a las mesas" (Hechos 6:2-4) que llenen requisitos más estrictos que los que enseñan la Palabra de Dios?

Servir en la Iglesia como maestro de la Palabra de Dios es un gran privilegio y por lo tanto implica mayor responsabilidad. El maestro de la Palabra de Dios cumple un ministerio casi igual al del pastor (Efesios 4:11b y 12). El que "enseña la Palabra es "digno de doble honor." Notase que, en 1ª Timoteo 5:17, "los **ancianos que gobiernan** bien (administradores u obispos), **los que predican** (pastores) y **los que enseñan** (maestros), todos se mencionan como ancianos de la Iglesia. Todos son dignos de doble honor, que implica remuneración económica (1ª Timoteo 5:18). ¿Cómo es posible que se nombren "maestros de la escuela dominical" a individuos no aptos para ser pastores y maestros? **¿No son una y misma cosa? (Pastor que enseña o Maestro que pastorea) Bíblicamente, ¡Sí!**

Hermano misionero, tenga cuidado de permitir a un individuo que no llena los requisitos enseñar. Como en muchos casos, "Es más fácil no instalar a una persona no apta, que sacar a la persona no apta del puesto." Si por "conveniencia" u otra razón permitimos a un individuo no calificado o apto para enseñar servir como maestro, otros no aptos querrán y señalarán, "Pero usted permitió a Fulano enseñar. ¿Por qué no puedo yo? **Mantenga un estándar o reglamento alto, bíblico.**

No conviene que el maestro tenga que decir, "Viva lo que yo digo, y no lo que yo he vivido." En otras palabra, "Haga lo que yo digo, no lo que hago." A la mayoría de nosotros no nos gusta que alguien nos diga a sí.

Porque los alumnos van a seguir el ejemplo del maestro, **su vida debe ser ejemplar bíblicamente.**

Los maestros deben ser cristianos llenos del Espíritu Santo. Es imposible enseñar y comunicar las verdades y los principios de la Palabra de Dios sin el poder y la ayuda del Espíritu de Dios.

Los maestros deben tener conocimiento adecuado y funcional de las verdades fundamentales de la fe cristiana. El maestro debe ser un "estudiante" de Las Escrituras y tener una pasión por aprender más y más de la Palabra de Dios.

El maestro debe defender y promover las creencias y prácticas de la Iglesia. Debe ser **fiel y leal a Cristo, el Pastor, y los hermanos en Cristo.**

Los maestros deben ejercer **cuidado en cuanto a lo "que permiten o lo que no permiten."** Sus palabras o ejemplo pueden resultar, "piedras de tropiezo" para los alumnos. Cuidado de decir, "Yo sé lo que la Iglesia cree o el Pastor, pero en mi opinión…" Si la opinión del maestro no concuerda con la creencia de la Iglesia, él o ella no tienen por qué enseñarla. **Los maestros deben acordarse de haber firmado el Pacto de Los Maestros y de la Iglesia. ¿Dieron su palabra de honor?**

Los maestros deben tener una pasión por alcanzar las almas perdidas y por el crecimiento y bienestar de sus alumnos.

APÉNDICE NÚMERO DIEZ:

UNA PAUTA PARA LA SELECCIÓN DE UN PASTOR

Generalmente la Iglesia nombra un grupo de miembros para considerar y recomendar los nombres de candidatos para pastor. Antes de hacer una recomendación el comité debe aprender cuanto pueda en cuanto al hombre. El comité puede cumplir eso por:

- Visitar al candidato en la iglesia donde él sirve actualmente. De esta forma pueden ver y apreciar su ministerio actual, escuchar su predicación y tener una idea del espíritu de la congregación donde él sirve.
- El candidato puede invitarse a predicar varias veces en la Iglesia.
- Tener una entrevista con él y su esposa.

Es necesario saber lo que el candidato cree en cuanto ha:

- La doctrina bíblica, bautista. ¿Está de acuerdo, sin reserva, con la doctrina de la Iglesia?
- ¿Qué opina de La Constitución, el Pacto y Los Artículos de Fe de la Iglesia? ¿Está de acuerdo?
- ¿Cambiaría el ministerio de la Iglesia? ¿En qué manera?
- ¿Cuáles cosas cambiaria siendo pastor?
- ¿Cuáles son sus dones y talentos?
- ¿Cómo está la relación que tiene con su esposa y sus hijos? ¿Están de acuerdo?
- ¿Cómo está su situación económica? ¿Tiene deudas?
- ¿Qué cree en cuanto a la moralidad, la piedad, la separación personal y eclesiástica, en cuanto a tener tiempo devocional personal y familiar diario, etc.?
- Hay que repasar la lista bíblica de requisitos para pastor con él.
- ¿Qué cree él en cuanto a:
    - El divorcio y volver a casarse
    - El movimiento carismático
    - El neo-evangelismo
    - Las versiones de la Biblia
    - La doctrina de Calvino
    - La música
    - El reglamento para lideres

- Misiones
- Tomar alcohol y otras actividades anti-bíblicas y dudosas.
- El tiempo que pasaría fuera del pulpito -- conferencias, viajes, etc.
- Obligaciones de la Iglesia – casa, sueldo, seguros, transporte, etc.

Solo se recomienda el nombre de un candidato a la vez. No hay que convertir el proceso en un concurso de popularidad. El candidato debe recibir un voto de 90% de los miembros activos para recibir un llamado a pastorear.

Debe haber un tiempo para orar y ayunar antes de votar.

Es más fácil seleccionar y llamar a un pastor, que deshacerse de un pastor que no es él que Dios hubiera escogido.

APÉNDICE NÚMERO ONCE:
EL BAUTISMO BÍBLICO DE CREYENTES

El Mandamiento

La Iglesia bautista y las que se basan en la enseñanza bíblica tienen dos ordenanzas; el bautismo y la Santa Cena. Es importante notar que son "ordenanzas" y no son "sacramentos." **La ordenanza se celebra "porque uno es salvo** y no para ganar o lograr la salvación o gracia con Dios." Cristo mandó a Sus discípulos observar o celebrar las dos ordenanzas.

*"Por tanto, id, y haced discípulos a todas las naciones, **bautizándolos** en el nombre del Padre, y del Hijo, y del Espíritu Santo; enseñándole que guarden todas las cosas que os he mandado; y he aquí yo estoy con vosotros todos los días, hasta el fin del mundo. Amén."* Mateo 28:19-20

Quienes

Vemos en el libro de Los Hechos 2:41: *"Así que, los que recibieron su palabra fueron bautizados..."* El recibir o creer la Palabra de Dios es el requisito para para la salvación. Por lo tanto es requisito para recibir el bautismo. Solo se bautizaban los individuos que se salvaron por creer la palabra. (Hechos 8:35-39, El Etíope se bautizó, ambos él y Felipe descendieron al agua y subieron del agua; Hechos 9:17-18, Pablo se bautizó; Hechos 10:47-48, Cornelio; Hechos 16:14-15, Lidia y el carcelero, 16:31-33). Los infantes nunca se bautizaron. Es necesario que una persona crea en el nombre del Hijo de Dios, si ha de bautizarse.

Cuando

El primer paso de obediencia del nuevo creyente es el bautizarse. Hay dos opiniones en cuanto a cuando una persona debe bautizarse. Algunas iglesias creen que es necesario que el nuevo creyente presente un estudio de discipulado antes de bautizarse. Estas iglesias creen conveniente que el nuevo creyente tenga amplio conocimiento de lo que es ser un cristiano bíblico antes de bautizarse. Si conviene que el candidato para el bautismo entienda la decisión que ha tomado y que manifiesta sinceridad. Las iglesias autónomas tienen el derecho de seguir este plan, si así deciden.

Por otro lado, y quizás era diferente la situación en el mundo entonces, los que recibieron a Cristo como salvador personal en Las Escrituras, se bautizaban en el mismo día de su conversión. El ejemplo de ellos es un argumento muy fuerte a favor de bautizar a los nuevos creyentes sin tardanza. El bautismo es la puerta a la iglesia local. Creo que hay lugar para averiguar y ver si el candidato llena los requisitos para los que van a formar parte de la congregación. Los miembros gozan del derecho de servir, y expresar su opinión por medio de voz y voto. Los nuevos creyentes pueden tener situaciones en sus vidas que sirven de obstáculo o problema. Por ejemplo un nuevo creyente puede estar en la situación de "convivir con alguien sin que sean casados."

Como

El bautismo bíblico es por sumersión en agua. El bautismo presenta un cuadro de la muerte, la sepultura y la resurrección del creyente con Cristo en Su muerte, sepultura y resurrección. El candidato para el bautismo se sumerge acostado de bajo del agua como símbolo de la muerte y la sepultura (una persona siempre es sepultado boca arriba en la ataúd). Luego se levanta el individuo como símbolo de la resurrección (Romanos 6:3-4).

Conviene tener agua de un metro de profundidad por lo menos. El pastor ordenado puede preguntar delante de la congregación, "Hermano/a ¿Usted ha aceptado al Señor Jesucristo como Su Salvador personal y esta confiando en El únicamente para la salvación?" El candidato contesta, "Sí." El Pastor dice, "Tomando en cuenta su profesión de fe en Cristo Jesús como Salvador personal y en obediencia a Su mandamiento, yo le bautizo mi hermano/a en el nombre del Padre, del Hijo, y del Espíritu Santo. Muerto y sepultado juntamente con Cristo y resucitado juntamente con El para vivir una vida nueva."

El pastor debe explicar a los candidatos varias cosas importantes. Hay que explicar que hay que traer un cambio de ropa, un pañuelo (se usa para tapar la nariz) y una toalla. Las mujeres deben llevar ropa oscura, especialmente una blusa oscura. Se quitan los zapatos, el reloj y otra cosa que no debe sumergirse en agua.

El puede explicar como es el bautismo y como puede el candidato agarrar el brazo de él. Hay que explicar que el (pastor) va a cubrir la nariz con el pañuelo y que no le va a ahogar. El candidato no debe "sentarse" pero mantenerse relajado.

Si el candidato es una persona débil o viejita, o no está bien de la espalda, etc., se puede usar una silla en el agua para que él o ella pueda sentarse y bautizarse así. Se permite que un diacono este en el agua para ayudar cuando sea conveniente.

Los diáconos y sus esposas deben ayudar a los candidatos entrar y salir del agua.

Se puede dar un certificado de bautismo después en el culto de adoración.

El bautismo es una ordenanza que debe observarse y celebrarse con solemnidad. **El bautismo permite al nuevo creyente dar testimonio público de su conversión y su fe en Cristo Jesús como Salvador personal.** Es importante recordar que el modo de bautismo tiene que ser por sumersión; que el candidato tiene que ser creyente; que la persona que bautiza debe ser pastor ordenado o un hombre autorizado por la iglesia, si no hay pastor disponible; que la iglesia que autoriza el bautismo debe ser una iglesia de sana doctrina, si el bautismo ha de ser legitimo y bíblico.

Nota: He tenido el privilegio de bautizar a muchas personas. Hemos bautizado en un lago (Coatepeque), en un rio (Sale Creek), en un canal, en una quebrada (El Zunza), y en los bautisterios de varias iglesias. En una ocasión los bomberos llenaron el tanque para nosotros.

IGLESIAS AUTONOMAS

APÉNDICE NÚMERO DOCE:
LA CENA DEL SEÑOR

El Mandamiento

I Corintios 11:23-25, *"Porque yo recibí del Señor lo que también os he ensenado: Que el Señor Jesús, la noche que fue entregado, tomó pan… Asimismo tomó también la copa…"*

Lo que el Apóstol Pablo enseñó en cuanto a la Cena del Señor, él recibió del Señor.

Sabemos que debemos observar o celebrar la Cena del Señor, pero La Biblia no nos dice cuando ni cuantas veces en el año. La Cena debe celebrarse varias veces durante el año, pero no con tanta frecuencia que llegue a ser algo demasiado común. Muchas iglesias celebran La Cena del Señor cada tres meses, mientras otras iglesias la celebran cada mes, etc. Esta decisión se deja a la discreción de cada congregación.

La Cena del Señor Instituida (Mateo 26-30)

El Señor Jesús comió una cena celebrando la Pascua con Sus discípulos la noche antes de ser arrestado.

Y mientras comían, tomó Jesús el pan, y bendijo, y lo partió, y dio a sus discípulos, y dijo: Tomad, comed; esto es mi cuerpo. Tomando la copa, y habiendo dado gracias, les dio, diciendo; Bebed de ella todos; porque esto es mi sangre del nuevo pacto, que por muchos es derramada para remisión de los pecados. Y os digo que desde ahora no beberé más de este fruto de la vid, hasta aquel día en que lo beba nuevo con vosotros en el reino de mi Padre. Y cuando hubieron cantado el himno, salieron al monte de los Olivos." Mateo 26:26-30

Los Elementos de La Cena

Es de notar que Cristo no convirtió su carne y su sangre en comida, ni bebida. Cuando ellos comieron y bebieron no comieron literalmente el cuerpo de Jesús, ni tomaron literalmente la sangre de El. El jugo y el pan son símbolos de Su cuerpo y Su sangre. La Cena del Señor, así como el bautismo no es "sacramento, sino una ordenanza que El dejo con las iglesias locales. Solo los que son salvos deben participar en la Cena.

En la Biblia nunca se usa la palabra "vino" para referirse a lo que tomaron. Se dice que es "la copa o el fruto de la vid." El Señor celebró esta cena con Sus discípulos para observar la Pascua. No debía haber levadura en el pan y seguramente no usaron jugo fermentado (Éxodo 12:12-19). Las iglesias que usan pan con levadura o vino (jugo) fermentado no siguen la enseñanza bíblica. Además las iglesias que usan una soda o un refresco de uva en vez del jugo de uva, violan el simbolismo bíblico.

Se Anuncia La Muerte del Señor

Cuando los creyentes celebran La Cena del Señor anuncian Su muerte hasta que El venga (I Corintios 11:26). No es bíblico decir que al celebrar La Cena del Señor se ofrece en sacrificio el cuerpo y la sangre de Cristo. Cristo no esta presente en el pan, ni tampoco en el jugo. **No se usa la palabra "eucaristía, ni hostia."** El murió una vez para siempre y por un solo sacrificio hizo perfectos a los santificados (Hebreos 10:12-14, y también 9:24-28). Con un solo sacrificio Cristo perfeccionó nuestra salvación para siempre.

Los Participantes

Solo los creyentes bautizados bíblicamente deben participar de la Santa Cena, y eso solemnemente. Aunque son salvos los participantes deben "probarse" o hacer un auto-examen. Pablo dice que es necesario que los participantes hagan ese examen para evitar ser juzgados por el Señor (I Corintios 11:27-32). **Hay iglesias que celebran La Cena de Señor permitiendo solo a los miembros de su iglesia participar.** Esta costumbre se denomina "la comunión cerrado." Otras iglesias permitan a los creyentes miembros bautizados de otras iglesias bautistas (de la misma fe y práctica) participar. A esa costumbre se la denominan, "comunión semi cerrada." Hay otras iglesias que permitan a cualquier creyente de cualquiera iglesia "cristiana" participar. Esa es "la comunión abierta." Personalmente prefiero la primera costumbre porque no contribuimos así a que las personas no "dignas" participan. **La ordenanza es de la iglesia local.** La "iglesia universal" no se reunirá hasta el rapto y por lo tanto no puede celebrar La Santa Cena.

Como Celebrar La Cena del Señor

Generalmente La Santa Cena se celebrar al final de un culto regular de la iglesia. Los diáconos y sus esposas pueden preparar de ante mano todo para celebrar La Santa Cena. Los elementos pueden ponerse antes del culto en la mesa de comunión. Mejor cubrirlos con mantel blanco. Debe haber sillas en frente del templo para que los diáconos puedan sentarse allí. Cuando el pastor anuncia que se va a celebrar la Cena, los diáconos pueden pasar al frente y tomar sus lugares. Conviene identificar a los que van a participar. Los que no van a participar pueden excusarse y salir, sí así desean. No hay que avergonzar a nadie. Es importante que el pastor dé instrucciones de ante mano a los que van a participar y a los que van a servir los elementos. Debe haber suficiente pan y jugo para el número de miembros o personas que participarán.

El pastor puede invitar a la congregación a que abran sus Biblias a I Corintios 11:23 y comenzar a leer las palabras del Apóstol. El Pastor puede pedir a uno de los diáconos u otro líder que dirige a la congregación en la oración, animándoles a los que van a participar a que oren and que se examinen (Versículo 28). Claro, si no fuera por la sangre de Cristo y Su justicia dada a nosotros, nadie podría ser digno de participar. Hay que confesar al Señor cualquier y todo pecado que puede haber en la vida. No conviene que uno diga, "No voy a participar porque tengo pecado en mi vida y no voy a arrepentirme o confesarlo." Esa actitud invita el juicio de Dios tanto como participar sin arrepentirse. Lo más conveniente es arrepentirse y confesarlo, y participar en La Cena.

Entonces el pastor puede levantar el plato que contiene el pan y pedir a uno de los lideres/diáconos que ore dando gracias a Dios por el pan que representa el cuerpo de Cristo que fue partido por nosotros. (Note: No se quebró ningún hueso del Señor (Salmos 34:20, Juan 19:36). Después de la oración, el pastor puede repartir los platos a los que van a servir el pan a los participantes. Cuando toda la congregación se haya servido entonces los diáconos pueden tomar asiento para que el pastor les sirva a ellos. Los participantes deben esperar para comer hasta que el pastor diga (I Corintios 11:24) que el Señor dijo, *"Tomad, comed; esto es mi cuerpo que por vosotros es partido..."* Todos comen juntos.

Pueden hacer lo mismo con la copa. Uno de los diáconos da gracias por la sangre del Señor que fue derramada en la cruz por nosotros. El pastor reparte los platillos con la copitas de jugo a los que van a servir a los participantes. Otra vez todo el mundo espera para que repita el pastor la palabras del Señor (I Corintios 11:25), *"Esta copa es el nuevo pacto en mi sangre; haced esto todas las veces que la bebiereis, en memoria de mí"* El pastor dice, "Tomemos."

El pastor puede leer el Versículo 26 y también decir que después de cenar el Señor con Sus discípulos, ellos cantaron un himno. La congregación puede cantar un himno, orar y despedirse.

Los diáconos y sus esposas se encargan de limpiar todo y guardar los utensilios, etc.

APÉNDICE NÚMERO TRECE:

PAUTA DE ORGANIZACIÓN PARA EL LIBRO DE ACTAS

IGLESIA BAUTISTA GETSEMANI
Hendersonville, North Carolina

Hoy, el 24 de marzo de 2002 por este medio confirmamos que hemos confiado en Cristo Jesús como nuestro Señor y Salvador y que nos hemos bautizado bíblicamente en obediencia a Su mandamiento en el Nombre del Padre y del Hijo y del Espíritu Santo y que nos constituimos en una iglesia bautista independiente según el patrón neo testamentario.

Concordamos que esta Iglesia, por la autoridad otorgada por el Señor Jesucristo tiene el derecho y el deber celebrar las dos ordenanzas de la Iglesia del Señor, el bautismo de creyentes y la Santa Cena. Esta Iglesia se dedicará al evangelismo de los inconversos en el mundo entero, la edificación de los creyentes en la vida cristiana, y la adoración de nuestro SEÑOR.

Además, constamos que la Iglesia Bautista Getsemaní se gobernará por la voluntad de Dios revelada en Las Sagradas Escrituras y conforme al Pacto, La Constitución y Los Artículos de Fe aprobados y adoptados hoy por nosotros los miembros fundadores.

Nombres, Apellidos (en letra de imprenta) y Firmas:

_____

_____

_____

_____

IGLESIAS AUTONOMAS

APÉNDICE NÚMERO CATORCE:

UN TESTIMONIO PERSONAL

Nota: Perdóname **la larga ilustración personal** pero reconozco las deficiencias que su servidor tenía en cuanto a "plantar iglesias autónomas" en el principio de mi ministerio.

A mediados de 1969 Patricia y su servidor salimos del Instituto de Idioma en San José, Costa Rica para comenzar nuestro ministerio misionero en Estelí, Nicaragua. Ignoraba mucho de lo que debe saberse para comenzar una iglesia nueva en el ambiente Nicaragüense. Era aun más ignorante en cuanto cómo establecer una iglesia **autónoma.** Bien se hubiera dicho de mí, "que tenia celo de Dios, pero no conforme a ciencia" (Romanos 10:2). Por razón de mi celo seguimos directamente a Estelí sin tomar tiempo para aprender de otros los principios que nos hubieran servido de mucho bien al comenzar la obra de plantar una iglesia nueva.

Estelí era un lugar apropiado para nuestro ministerio. **No había iglesia** bautista en Estelí. El pueblo **era un centro de comercio** para los campesinos y habitantes del departamento. Además de contar con varios **miles de habitantes**, se ubicaba **en la ruta de una de las carreteras principales** de Nicaragua. Algo más había captado mi atención, una pista para avionetas. Como piloto aviador había pensado usar una avioneta para alcanzar los muchos pueblos aislados del lado oriental de Nicaragua. Sabía que había pistas en muchos de esos pueblos. Aunque no había carretera, sí había pistas para avionetas. La visión que tenía era de **establecer una iglesia central** en Estelí, comenzar a **preparar obreros** por medio de un instituto bíblico y llevar a esos obreros a ayudarme para **alcanzar las gentes que no tenían el evangelio. Vale mucho tener una visión, ¿Verdad que sí?**

La primera responsabilidad para mí como esposo era la de buscar vivienda para nosotros. El Señor nos proveyó un apartamento nuevo. Alquilamos un apartamento de uno de los hombres más prominentes de Estelí, Don Francisco. Él era el dueño de la planta eléctrica también. Nos damos cuenta luego de una falta nuestra de sensibilidad para una parte de la cultura nicaragüense. No se comparan las personas con los animales. Nosotros habíamos nombrado a nuestro perro pastor alemán, "Chico". Por eso era necesario guardar el pero cada vez que venía al apartamento Don Francisco, también conocido por el diminutivo "Chico". Alguien puede decir que "no era gran cosa", pero preguntemos a Don Francisco que hubiera opinado él. Si uno piensa plantar una iglesia en su patria o en otro lugar, **hay que ser sensible a la cultura local.**

En I Corintios 9:22 el Apóstol Pablo nos enseña la importancia de **"identificarnos" con las personas del lugar donde servimos.**

"Me hecho débil a los débiles, para ganar a los débiles; a todos me he hecho de todo, para que de todos modos salve a algunos. I Corintios 9:22

El proceso de "establecernos" en Estelí tomó unas semanas pero logramos acomodarnos en el apartamento alquilado a Don Chico. La disposición de Patí de contentarse con "menos" siempre ha sido una ventaja grande. Ella ha manifestado una gracia de Dios, especial que le permite decorar nuestra casa usando cosas sencillas. El hogar del misionero puede "servir de bendición y ventaja" o también puede "ofender". Siempre puede haber oportunidad de invitar a las gentes de la comunidad a visitar en el hogar. Cada visita puede proporcionar una oportunidad **dar testimonio de Cristo.**

Aprendí otra lección buena en Estelí. Mi Papa me enseñó trabajar como carpintero. Eso me ayudo bastante. Hallamos que algunas casas en Latino América no tienen roperos ni gabinetes en los dormitorios y en la cocina. Me gusta trabajar como carpintero, y lo he hecho, pero he aprendido que el misionero (plantador de iglesias) puede demostrar sabiduría al buscar a un carpintero local para que haga el trabajo a la mano. Al contratar un trabajador local el misionero logra varias cosas. El provee trabajo **e ingresos para una persona y una familia de la comunidad.** Generalmente un trabajador local gana menos por hora que el misionero. **El trabajo principal del misionero es el ministerio de la Palabra de Dios.** Mejor dejar estas tareas a otros.

De esta forma el misionero se convierte en benefactor del pueblo y usa bien su tiempo". También eso provee unas oportunidades de "**conocer a más personas,**" por ejemplo el apartamento que alquilamos en San Miguel, El Salvador faltaba algunas instalaciones eléctricas. La dueña mandó a un electricista maestro para que instalara esas cosas faltantes. El maestro llegó con su ayudante, un joven llamado José Bonilla. Bien hubiera un servidor instalar esas cosas. Porque permití al maestro de San Miguel hacer el trabajo, tuve la oportunidad de conocerle a él y a José.

Para completar el trabajo el maestro tuvo que ir a una ferretería para comprar algunas cosas adicionales. Al salir él le dijo a José que se quedara y que esperara hasta que regresara. Aproveché el momento para explicar el evangelio del Señor a José. En cosa de cinco minutos José aceptó a Cristo como Salvador personal. **José Bonilla fue el primer convertido de nuestro ministerio en San Miguel y uno de los primeros miembros de lo que es El Tabernáculo Bautista de San Miguel.** José siguió al Señor en el bautismo bíblico y durante tres años servimos al Señor juntos, hasta que el Señor le llamó a Su presencia. Muchos años después, el maestro con quien trabajaba José, también aceptó a Cristo. El me mencionó hace poco que José le contó ese día que había aceptado a Cristo. **¡Gloria a DIOS!**

Una vez establecidos con un apartamento cómodo y relativamente seguro, comenzamos a **buscar donde establecer la iglesia.** Permíteme aclarar que no hay nada "cómodo" en cuanto a un apartamento que no tiene ventilación y que por las tardes era como un horno con temperaturas que subían a 40 grados centígrados y más. No habíamos llegado a San Miguel para estar cómodos" sino para alcanzar las almas para Cristo.

Bueno, sigamos con lo de "plantar la iglesia". Pensándolo bien, no estoy seguro de que "buscar local" es el paso "siguiente" conveniente. Ahora me parece que sería **mejor ganar unos cuantos convertidos y luego con la ayuda de ellos comenzar a buscar un lugar que serviría para reuniones.** El participar en la búsqueda de un local puede proporcionar a los nuevos creyentes y discípulos la oportunidad de crecer y ejercer su fe. Los nuevos creyentes reconocerán luego la importancia y necesidad de un lugar adecuado para celebrar los cultos, estudios bíblicos, etc. Gracias a Dios por la libertad que gozamos de "adorar y servir a Cristo abiertamente". A pesar del dominio de La Iglesia Romana, la mayoría de los países Latino Americanos gocen de libertad de culto. Hay circunstancias y condiciones en algunos lugares que no se prestan al "tener un local o templo". Recordemos que un edificio no es la iglesia. Personas forman la iglesia.

Un principio muy importante es este: Si se permite a los creyentes, aunque recién convertidos, participar en el reconocimiento de una necesidad, ellos se responsabilizarán a encontrar una solución. En otras palabras ellos <u>**llegan a ser dueños tanto del problema como de la solución.**</u> El plantador de iglesias (misionero) que no reconoce este principio encontrará que él solo tiene que solucionar los problemas. Las necesidades y los problemas del ministerio deben compartirse con los miembros de la nueva obra para que ellos vayan aprendiendo a orar, confiar en el Señor, trabajar, sacrificarse, tomar decisiones sabias bíblicas, y regocijarse al ver la provisión o la solución.

Las tareas principales del "plantador de iglesias" son **el evangelismo y el encargar a hombres fieles que son idóneos para enseñar también a otros, lo que han oído de sus mentores y lo que han aprendido de Las Escrituras". (II Timoteo 2:2)** El misionero o plantador de iglesias debe aprovecharse de toda oportunidad que sele presenta para dar instrucción y preparación a sus discípulos. Si no tiene cuidado el misionero, él puede distraerse y ocuparse con otros detalles o tareas. También el misionero puede "encargarse de todo". Los nuevos creyentes necesitan "ejercitarse" en las cosas de la fe. La experiencia es una maestra buena.

Tomé unas decisiones, en los primeros meses y años de nuestro ministerio de misioneros que testifican de mi ignorancia e imprudencia. Una de la decisiones no sabias era la de salir para Centro América sin tener sostén económico suficiente. Pensé que era necesario llegar ya. Tuve mucho demasiada prisa. Sufrimos bastante.

Antes de seguir quiero reconocer la fe y la fidelidad de Patricia, mi esposa, mi ayuda idónea. Ella siempre ha sido fiel y aun cuando me he equivocado ella me ha seguido. De algo estoy seguro, Dios la va a recompensar por eso. Dios no le va a pedir cuentas de ella ni la hará responsable por mis errores. Él va a recompensar la fe de ella y el hizo de que ella me siguiera por doquier. El papel que juega la esposa es el papel más difícil. He madurado como marido y ahora la tomo muy en cuenta a ella y el impacto que mis decisiones pueden tener en ella. Todo misionero sabio reconoce la importancia de aconsejarse con su esposa. El hombre que no toma en cuenta a su esposa, pone en peligro su ministerio.

Porque salimos para Centro América sin el sostén adecuado para las necesidades personales, sufrimos, y porque no tuvimos los ingresos necesarios para el ministerio, nos vimos con grandes limitaciones. El servir a Dios como misionero requiere fe, pero también prudencia. Lo mejor es tener el sostén necesario, pero no demasiado.

Por tener tanta prisa no tomé el tiempo necesario para recibir instrucción de los misioneros veteranos en Nicaragua, hombres como el Dr. Bob (Roberto) Dayton (Misionero y Director en Nicaragua, BIMI) y el Dr. Jerry Reece (Misionero y Representante de Ministerios Hispanos en El Caribe, BIMI), ambos de la Misión Bautista Internacional. Nos hubieran ayudado aprender lecciones valiosas en cuanto a la cultura, el idioma y los diferentes aspectos de la vida y el ministerio en Nicaragua. Vale mucho aprender de los que han hecho la obra ya. En Los Proverbios 9:8b y 9 se no dice:

"… corrige al sabio, y te amará. Da al sabio, y será más sabio; ensena al justo, y aumentará su saber."

Nuestra reacción ante la corrección o instrucción revela nuestra "sabiduría" o nuestra "necedad". Una de las bendiciones mas grandes es recibir instrucción o corrección de una persona que nos ama y que se preocupa por nuestro excito en el ministerio. Hace falta en la vida de cada uno de nosotros, alguien que tiene la libertad y la confianza de corregirnos. Le aseguro que la persona que nos quiere ayudar no se molestará más que unas cuantas veces si siempre reaccionamos con enojo. Algunas personas orgullosas o de cabezas dura no pueden ser enseñadas por otros. Tienen que aprender por errores a golpes o pasar todo la vida cometiendo los mismos errores. ¿Hay alguien en su vida a quien ha dado usted la libertad de llamarle la atención cuando vea algo equivocado o que le limita a usted o que le perjudica?

Ejemplo: El misionero necesita hablar claramente y hasta donde sea posible, correctamente. Aunque es un poco penoso para uno, es bueno tener a alguien que puede corregir los errores de lenguaje y de la gramática. Pocas personas hablan el castellano (Español) tan bien como el Hno. Bruce Bell y el Dr. Jerry Reece. Bruce me dijo, "Esta bien cometer un error una vez, pero cuando alguien te ha corregido no hay que seguir cometiendo el mismo error". Como decía él, muchos misioneros y pastores "aprenden" sus errores y los repiten una y otra vez toda la vida. Durante los primeros tres años en Centro América tuve el privilegio de enseñar en el instituto bíblico rodante "IBERO". En cada clase que enseñaba hubo alguien designado para apuntar mis errores de gramática. Después, durante el día, tuve que revisar con Bruce o con la prefecta del instituto los errores para corregirlos. Creo que como resultado hablo mejor, por lo menos con menos errores.

El lector puede preguntar, ¿"Que tiene que ver esto con lo de plantar iglesias"? Creo que este principio le servirá al plantador de iglesias. Siempre hay algo nuevo que aprender. Cada comunidad es diferente y ofrece al siervo de Dios la oportunidad de aprender o por lo menos aconsejarse con los con los cuales trabaja. Aceptar que otros nos corrigen demuestra una actitud humilde que honra a Cristo. **Los que tenemos que "corregir" aceptarán más pronto la corrección si ven en nosotros una disposición favorable a la corrección, aun cuando nos toca a nosotros ser corregido.**

Bueno, a Estelí otra vez. Tomé unas decisiones no muy sabias. Pensé que era necesario tener un "local" aun antes de tener convertidos. Busqué local en la única parte de Estelí donde pudimos, con nuestros recursos escasos, alquilar local. Descubrí después de unos días que yo había alquilado un local en lo que era la "zona roja". La gente de Estelí no iba a acercarse al lugar. Aun cuando hubo un local con un letrero que proclamaba, "Iglesia Bautista".

En mi ignorancia había tomado decisiones que nos destinaron al fracaso en cuanto a plantar una iglesia nueva en Estelí. Como mencioné al principio, el Señor nos iba a dar la oportunidad de trabajar con otro misionero/plantador de iglesias de quien yo iba a poder aprender **"como plantar una iglesia autónoma."**

Estimado lector, espero que haya sacado mucho provecho por el estudio de este libro. Si ha aprendido o si se ha recordado de algún principio que le permita ganar almas, hacer discípulos y establecer iglesias autónomas, <u>dale gracias y gloria al Señor Jesucristo.</u>

El Principio

La misión de la iglesia local es misiones, y la misión de misiones es el plantar iglesias nuevas autónomas."

Dr. Ray Thompson, BIM

I

ÍNDICE

Amistades, 84
Amor, 91
Apoyo, 74
Argueta, 82
Autonomía, 23
Bell, 9, 63, 90, 223
Bonilla, 82, 220, 221
Bragg, 82, 83, 89
Calvino, 207
Campañas, 78, 80
Campos, 65
Carey, 82
Ciudades, 56
Claros, 82
Comisión, 22, 95, 139, 144, 145, 173, 193, 203
Constitución, 109, 110, 111, 202, 207, 217
Cosecha, 155
Crema, 126
Cristo, 13, 14, 21, 22, 23, 28, 29, 30, 31, 32, 33, 36, 38, 41, 43, 46, 47, 48, 50, 51, 53, 56, 57, 59, 61, 63, 64, 65, 66, 67, 68, 69, 75, 76, 78, 79, 80, 81, 83, 84, 85, 86, 87, 88, 89, 90, 91, 92, 94, 95, 96, 98, 100, 101, 102, 103, 105, 110, 112, 113, 114, 118, 126, 127, 133, 136, 139, 140, 146, 149, 151, 153, 156, 159, 160, 161, 162, 163, 164, 165, 170, 171, 172, 173, 174, 175, 178, 179, 193, 196, 200, 205, 209, 210, 211, 213, 214, 215, 217, 220, 221, 223
Cristo céntrico, 30
Cuna, 196
Dar, 102, 111, 136, 143
Dayton, 222

Debe, 75, 81, 88, 102, 122, 196, 197, 198, 205, 208, 215
Diáconos, 191
Dinero, 33, 76
Dios, 9, 10, 13, 14, 15, 16, 19, 21, 22, 23, 24, 27, 30, 33, 35, 36, 37, 38, 39, 41, 43, 45, 46, 47, 49, 51, 52, 53, 54, 55, 56, 58, 59, 60, 61, 64, 65, 66, 67, 69, 71, 72, 73, 76, 78, 80, 82, 83, 84, 85, 87, 88, 89, 90, 92, 93, 94, 95, 96, 97, 98, 99, 100, 103, 105, 107, 109, 113, 114, 115, 116, 117, 119, 120, 121, 122, 123, 125, 126, 128, 129, 131, 132, 133, 136, 137, 138, 139, 140, 143, 144, 145, 146, 149, 150, 152, 156, 157, 158, 159, 160, 161, 162, 163, 164, 167, 168, 169, 170, 171, 172, 173, 174, 175, 176, 177, 178, 183, 184, 188, 191, 199, 200, 203, 204, 208, 209, 215, 217, 219, 220, 221, 222, 223
Distintivos, 191
Divorcio, 176
Encomendaron, 80
Enseñar, 103, 137, 140
Escrituras, 17, 43, 45, 52, 79, 167, 169, 170, 173, 193, 204, 210, 217, 222
Escuela Dominical, 199, 203
Espíritu Santo, 17, 22, 27, 34, 38, 40, 44, 45, 46, 47, 49, 50, 52, 54, 55, 56, 64, 77, 78, 79, 80, 83, 86, 93, 94, 96, 102, 104, 106, 109, 118, 119, 122, 123, 125, 126, 135, 136, 137, 141, 143, 149, 151, 160, 168, 169, 170, 171, 172, 178, 195, 199, 200, 204, 209, 210, 217
Evangelismo, 24, 31, 75, 77, 82, 193
Exhortaron, 80, 139
Familias, 97

Fe, 91, 109, 110, 111, 143, 144, 145, 146, 151, 178, 181, 183, 207, 217
Fruto, 193
Fundamento, 193
Godfrey, 82, 83
Iglesias autónomas, 20
Informar, 132
Instituto, 9, 63, 219
Jóvenes, 201
Madurez, 43
Meta, 28
Métodos, 194
Miramonte, 9, 59, 63, 64, 76
Misionero, 9, 20, 222
Misiones, 10, 208
Modelo, 199
Murga, 59
Nieto, 64, 82, 92, 153
Pastor, 2, 9, 44, 64, 81, 92, 99, 118, 147, 153, 154, 155, 156, 158, 163, 199, 201, 202, 204, 205, 210, 215
Pauta, 196, 198
Pioneros, 74
Plantar, 28, 75, 82
Preparación, 27, 194
Promesa, 143, 146
Puerta, 82
Quito, 82
Recursos, 24
Redargüir, 140
Reece, 222, 223
Reglamento, 196
Reyes, 112, 145
Rivera, 2, 147, 163
Rurales, 58
Saravia, 82
Señor, 3, 9, 10, 13, 14, 15, 16, 17, 18, 19, 20, 21, 22, 23, 24, 25, 29, 31, 32, 33, 34, 35, 36, 37, 38, 39, 40, 41, 43, 44, 45, 47, 48, 49, 50, 51, 53, 54, 57, 59, 60, 61, 62, 64, 66, 67, 69, 71, 72, 73, 80, 81, 82, 83, 84, 85, 86, 87, 88, 89, 90, 91, 92, 93, 95, 96, 97, 98, 99, 101, 102, 103, 104, 107, 109, 111, 112, 113, 114, 116, 117, 118, 119, 120, 121, 122, 123, 124, 125, 126, 127, 128, 131, 132, 133, 136, 137, 139, 140, 141, 143, 144, 145, 146, 148, 149, 150, 151, 155, 156, 160, 161, 162, 164, 167, 171, 174, 175, 178, 179, 180, 184, 191, 193, 194, 195, 196, 199, 200, 210, 213, 214, 215, 216, 217, 219, 221, 224
Servir, 187, 204
Sisk, 33
Tabernáculo, 64, 82, 112, 126, 147, 221
Teichert, 11
Thompson, 20, 224
World, 129

SOBRE EL AUTOR

El Hermano Roberto (Bob) Green nació en 1943 en Florida, EE.UU. Sus padres, Bob C. and Edris Green, le llevaron a la First Baptist Church de Fort Pierce cuando tenia tres años de edad. El aceptó a Cristo como su Salvador Personal en la Fairlawn Baptist Church cuando tenía doce años. Teniendo 16 años de edad se entregó para predicar el Evangelio del Señor Jesucristo.

Sabiendo que debía prepararse para el ministerio, él fue a estudiar en Tennessee Temple College (TTC) en Chattanooga, Tennessee. Durante los últimos tres años de estudio él servía como pastor de la Way Side Baptist Chapel. En julio de 1965 se casó con Patricia Deitz Green. Patricia y Roberto sentían que Dios les estaba guiando a servir como misioneros. En diciembre de 1965 el Hermano fue ordenado como ministro del Evangelio. El Hermano salió graduado de TTC en 1967 y en ese año fueron aprobados como misioneros con la Misión Bautista Internacional (BIMI) para servir en Centro América.

Después de terminar de prepararse como piloto aviador y levantar el sostén económico para poder vivir en Centro América, Los Green salieron para estudiar en El Instituto de Idiomas en San Jose, Costa Rica en 1968. Desde 1969 hasta la fecha han servido en el ministerio de plantar iglesias en Centro América (La Iglesia Bautista Miramonte, San Salvador, El Salvador y El Tabernáculo Bautista de San Miguel, El Salvador) y han tenido varias responsabilidades (Director Asistente en EE.UU, Director de Ministerios de Aviación y Director de Candidatos) con BIMI. Además, han servido a Cristo enseñando en varios institutos bíblicos, en el ministerio de aviación misionera, y en ayudar a iglesias de habla Ingles establecer ministerios hispanos.

Comenzaron y establecieron la Iglesia Bautista Getsemaní en Hendersonville, North Carolina antes de trasladarse a Chattanooga, Tennessee en 2003.

El Hermano Green recibió su Doctorado (D.MIN) en 2010. Actualmente sirve como Representante Para Ministerios Hispanos y Director de Ministerios de Aviación con BIMI. El Señor le ha dado numerosas oportunidades para predicar en iglesias hispanas en Los EE.UU y Centro América.

www.ingramcontent.com/pod-product-compliance
Lightning Source LLC
Chambersburg PA
CBHW080538170426
43195CB00016B/2603